Bellezas de la
Naturaleza 1
IMÁGENES
PARA COLOREAR

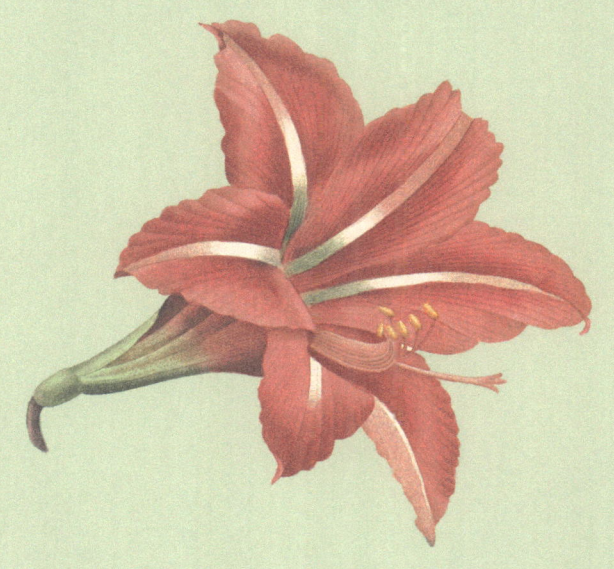

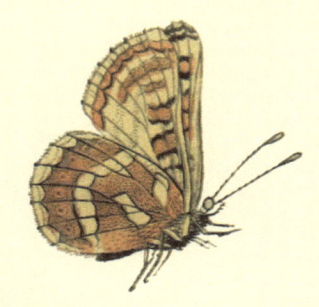

Bellezas de la Naturaleza 1

IMÁGENES PARA COLOREAR

con láminas originales

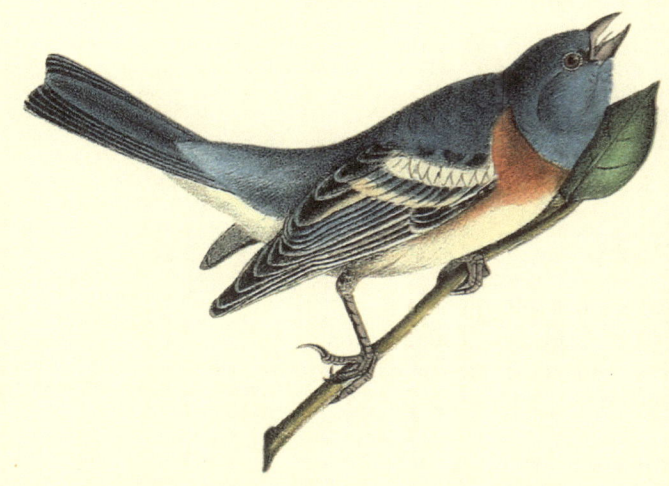

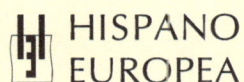
HISPANO EUROPEA

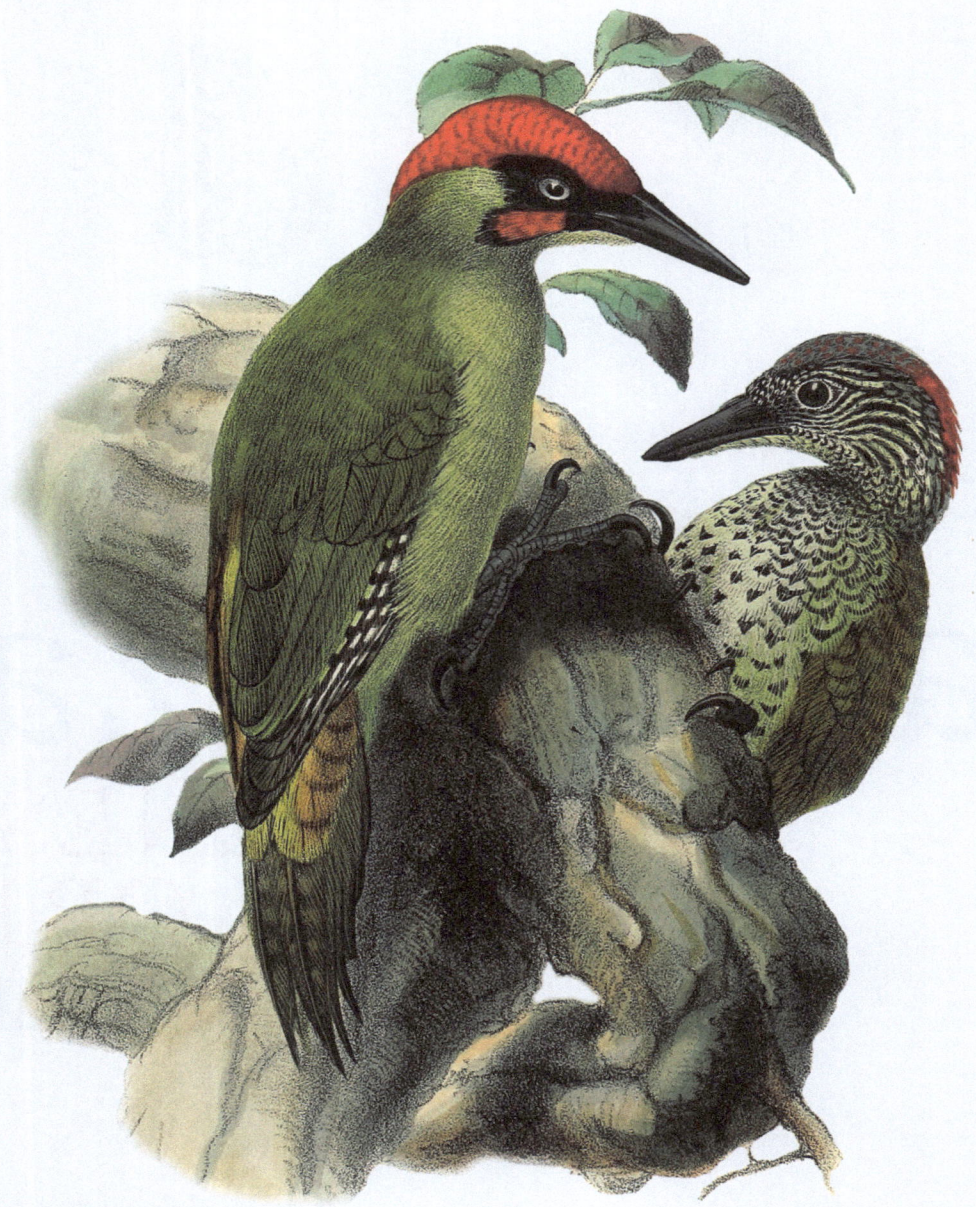

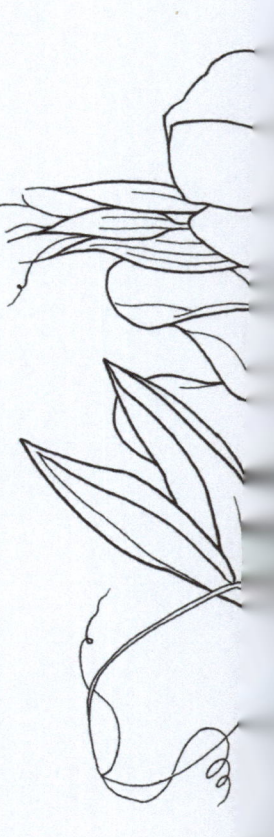

Título de la edición original: The Beauties of Nature

Copyright © Arcturus Holdings Limited
26/27 Bickels Yard, 151–153 Bermondsey Street,
London SE1 3HA

© de la edición en castellano, 2023:
Editorial Hispano Europea, S. A.
E-mail: hispanoeuropea@hispanoeuropea.com

Depósito Legal: B 8514-2023
ISBN: 978-84-255-2151-5

Consulte nuestra web:
www.hispanoeuropea.com

Impreso en España

INTRODUCCIÓN

Las imágenes del mundo natural siempre han fascinado a las personas, no solo a los expertos, sino también a aquellos de nosotros que simplemente admiramos su belleza. Los pájaros, las mariposas, las flores y los peces son temas maravillosos para pintar y dibujar, pero pueden ser difíciles si no eres un artista experimentado. Una manera fácil de practicar tus habilidades artísticas es colorear, lo que puede recompensarte rápidamente con un resultado agradable. Y no hay mejor forma de aprender arte que copiando la obra de un maestro.

En los días anteriores a la fotografía, las pinturas precisas y detalladas eran la única forma de proporcionar un registro visual de una especie. Las láminas de este libro se han tomado de una variedad de fuentes históricas. Las flores proceden de *Choix des Plus Belles Fleurs* de Pierre-Joseph Redouté, publicado en 1827. Los pájaros proceden de dos fuentes: *A History of the Birds of Europe* (1871) de S.E. Dresser, y *The Birds of America* (1840-1844) de John T. Bowen y John James Audubon. Para las mariposas y los peces, recurrimos a *The Naturalist's Library*, que fue editada por el gran naturalista escocés Sir William Jardine (1800–1874). Las ilustraciones fueron grabadas por William Lizars (1788–1859).

La elección de los materiales artísticos que puedes usar para colorear es muy amplia: los lápices de colores a base de aceite, a base de cera o solubles en agua dan excelentes resultados. Puedes usarlos secos, difuminándolos con los dedos o con un muñón de papel, o diluirlos con aceite, o agua para los lápices hidrosolubles. Sea cual sea el medio que elijas, disfrutarás muchas horas coloreando estas bellezas de la Naturaleza.

Lista de láminas

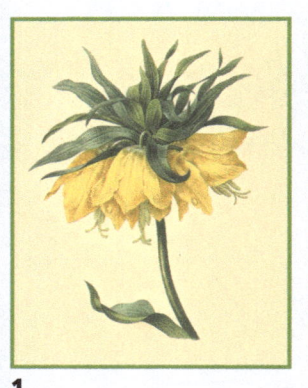
1

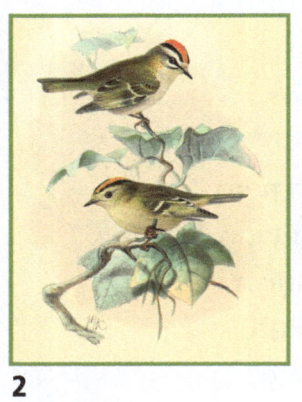
2

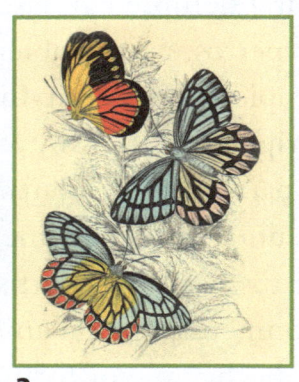
3

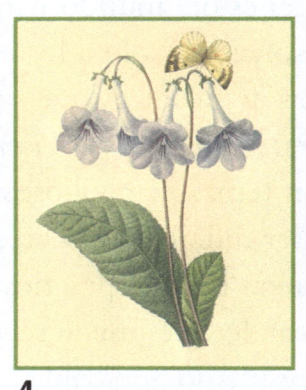
4

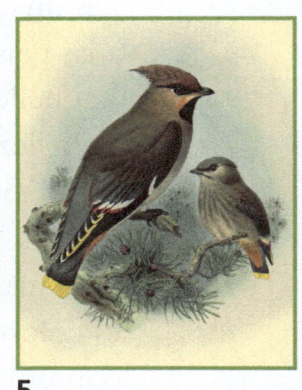
5

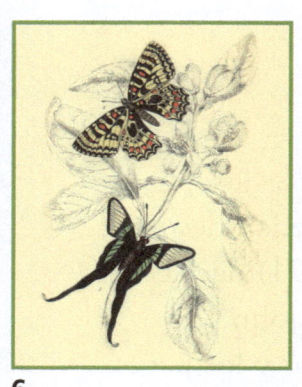
6

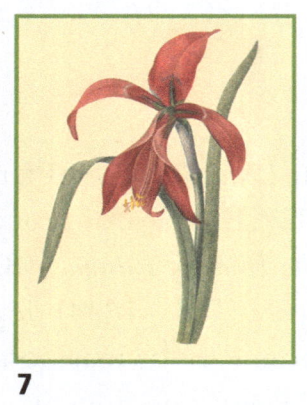
7

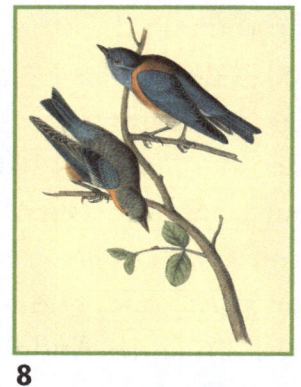
8

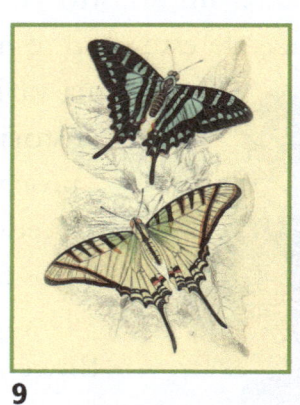
9

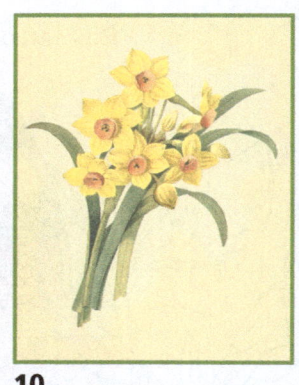
10

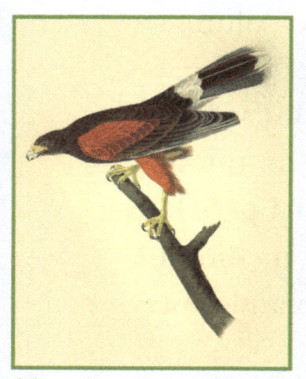
11

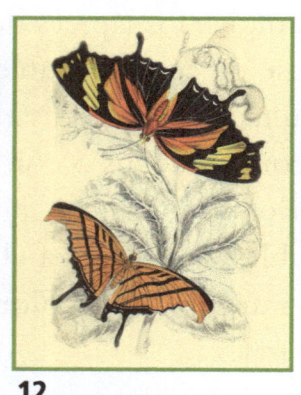
12

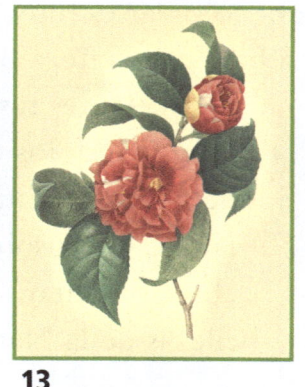
13

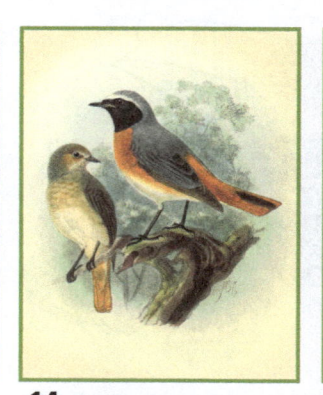
14

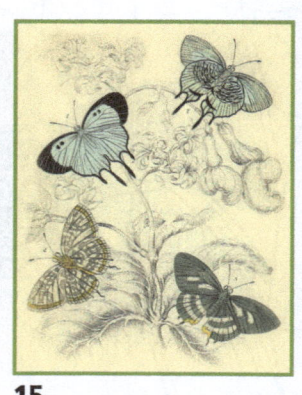
15

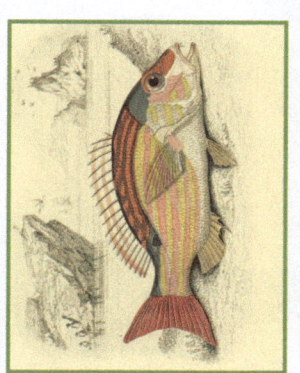

16

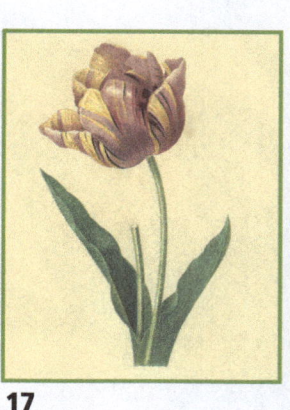

17

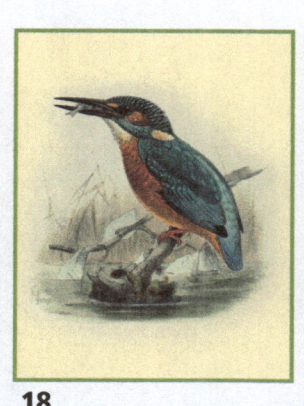

18

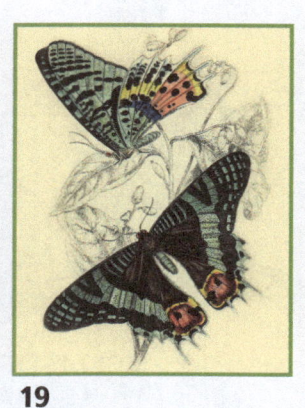

19

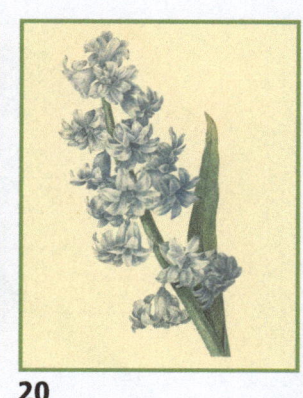

20

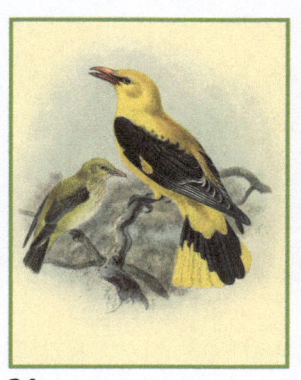

21

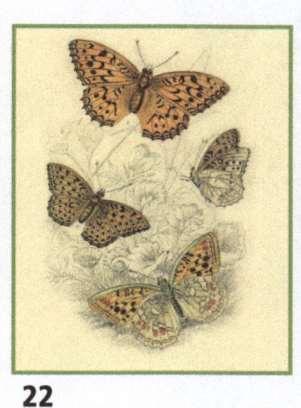

22

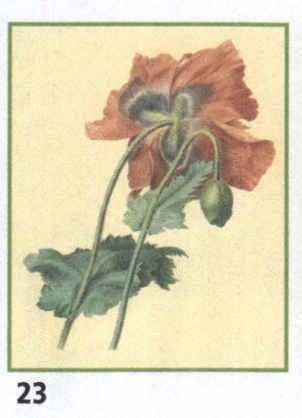

23

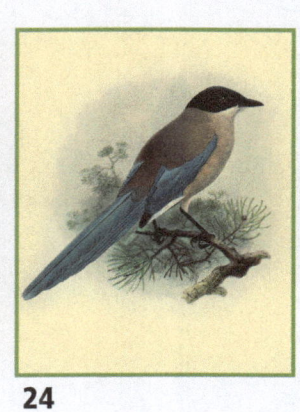

24

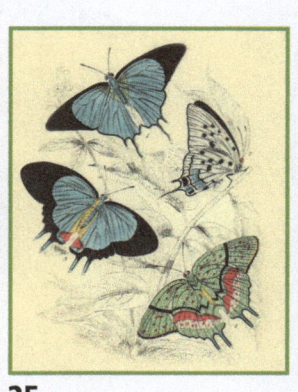

25

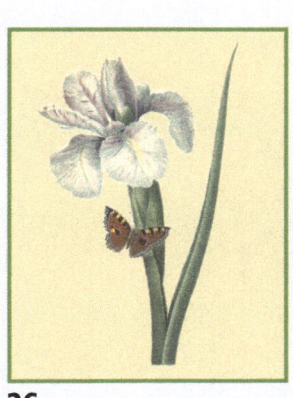

26

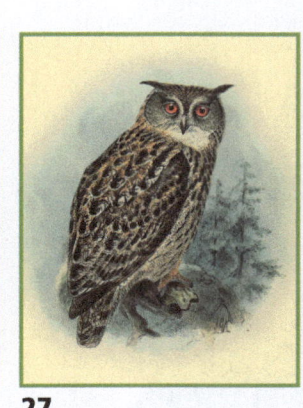

27

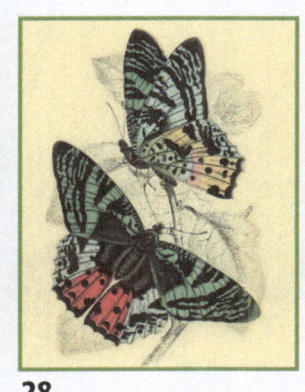

28

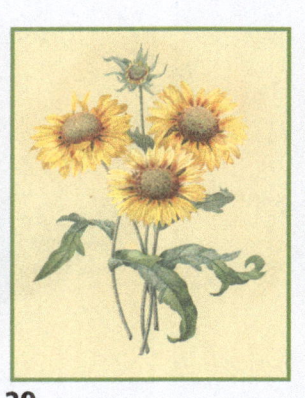

29

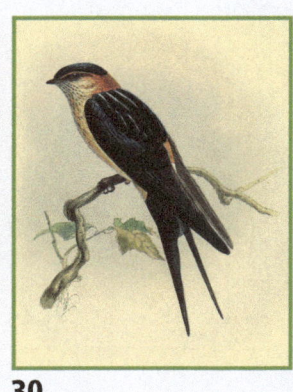

30

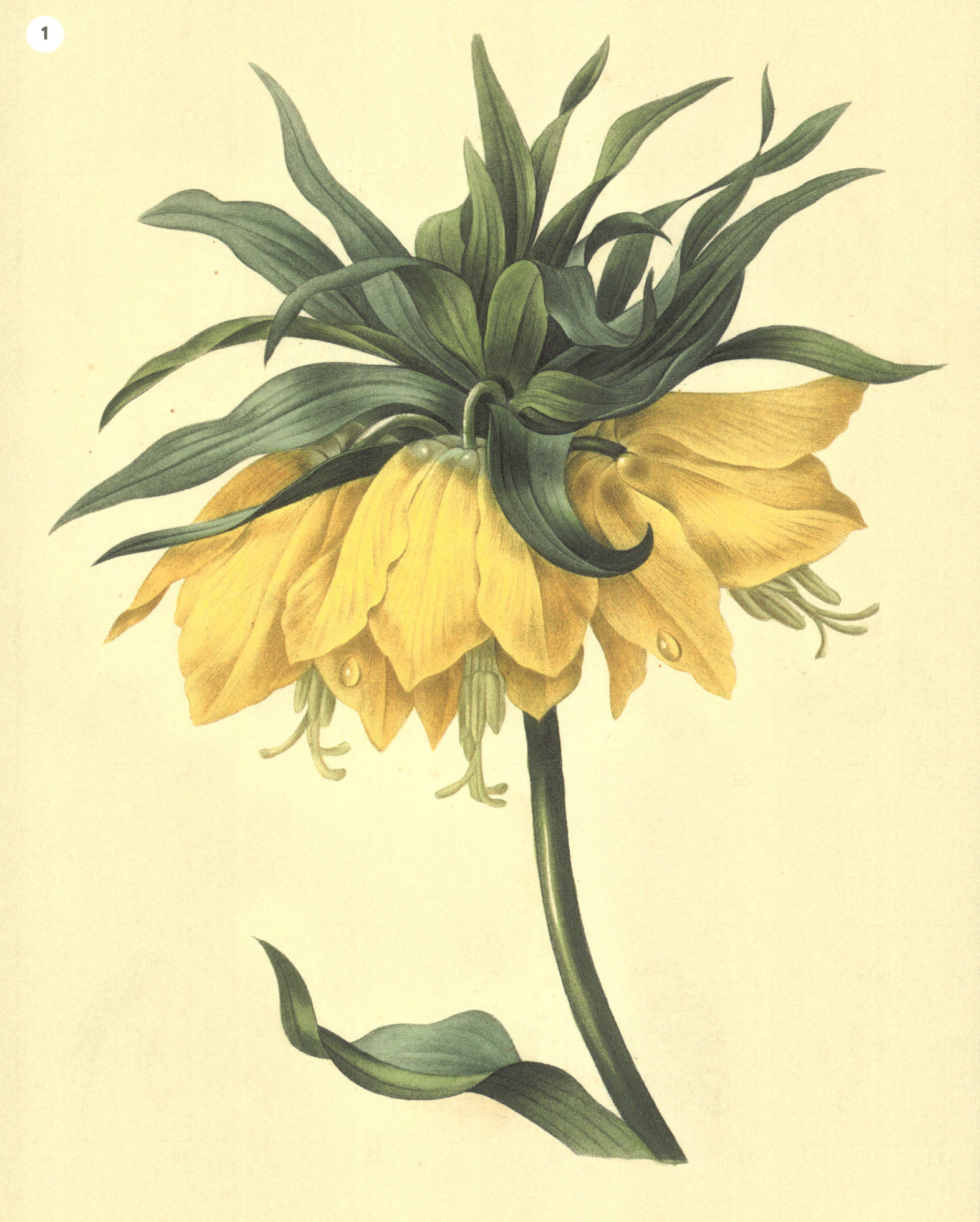

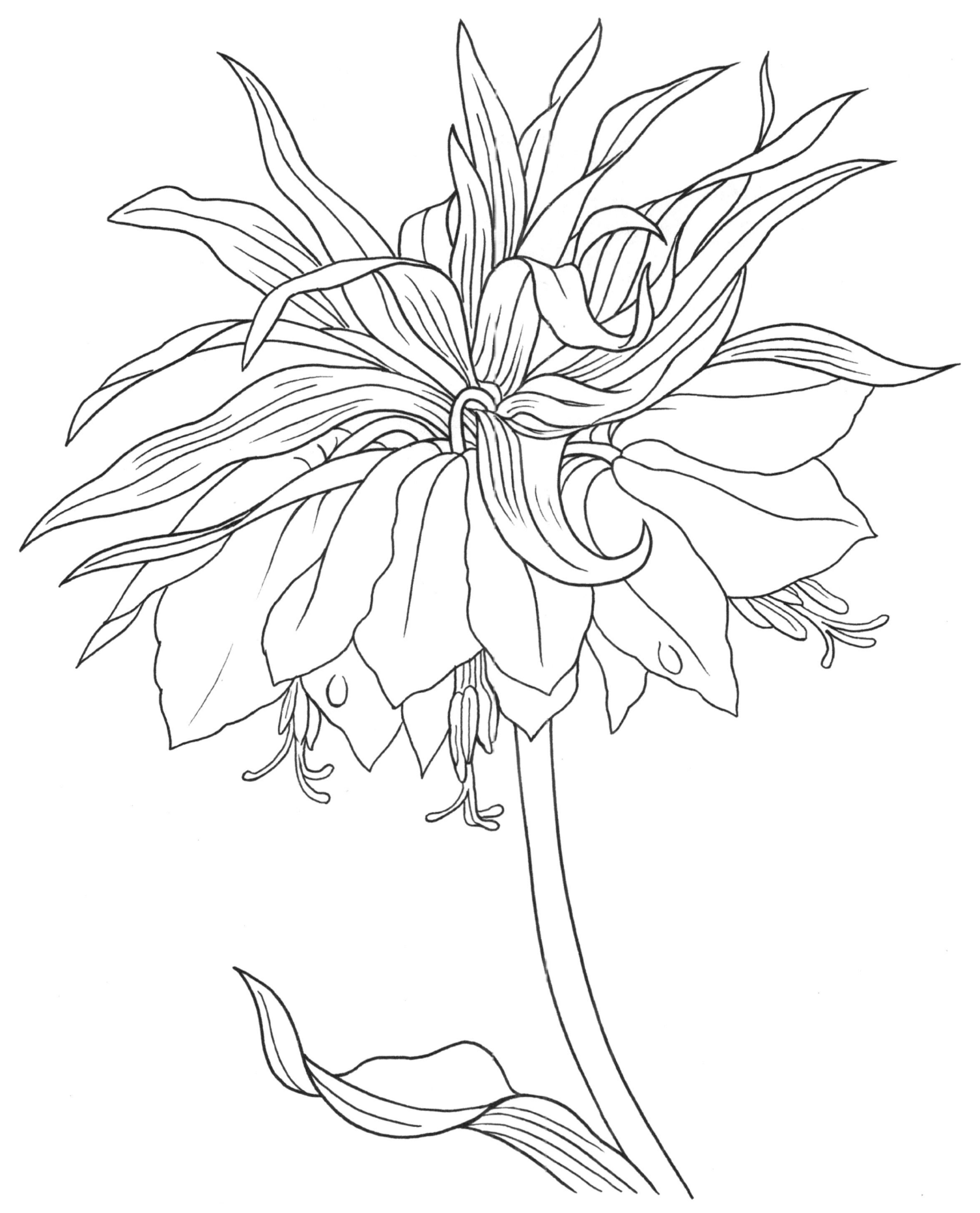

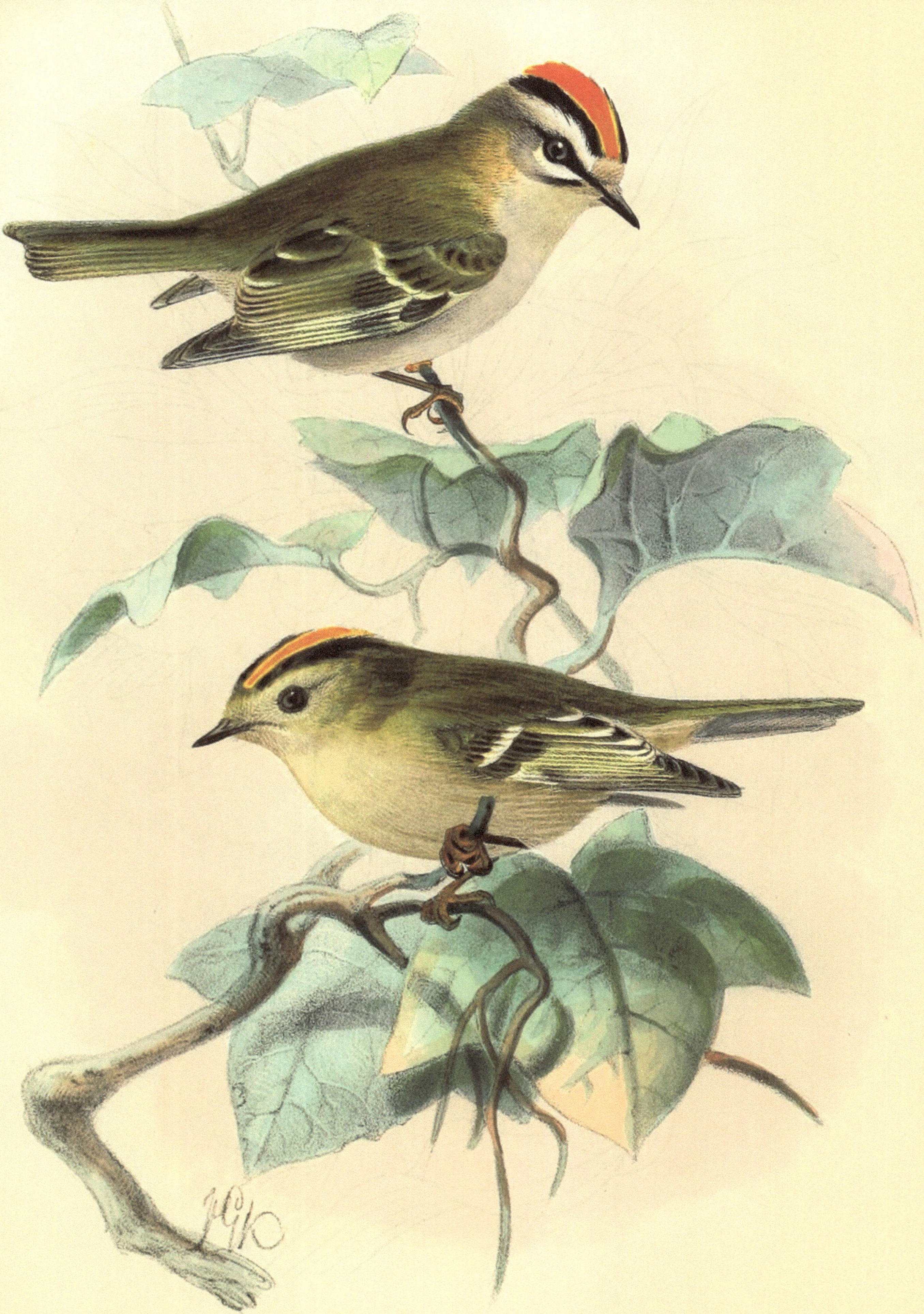

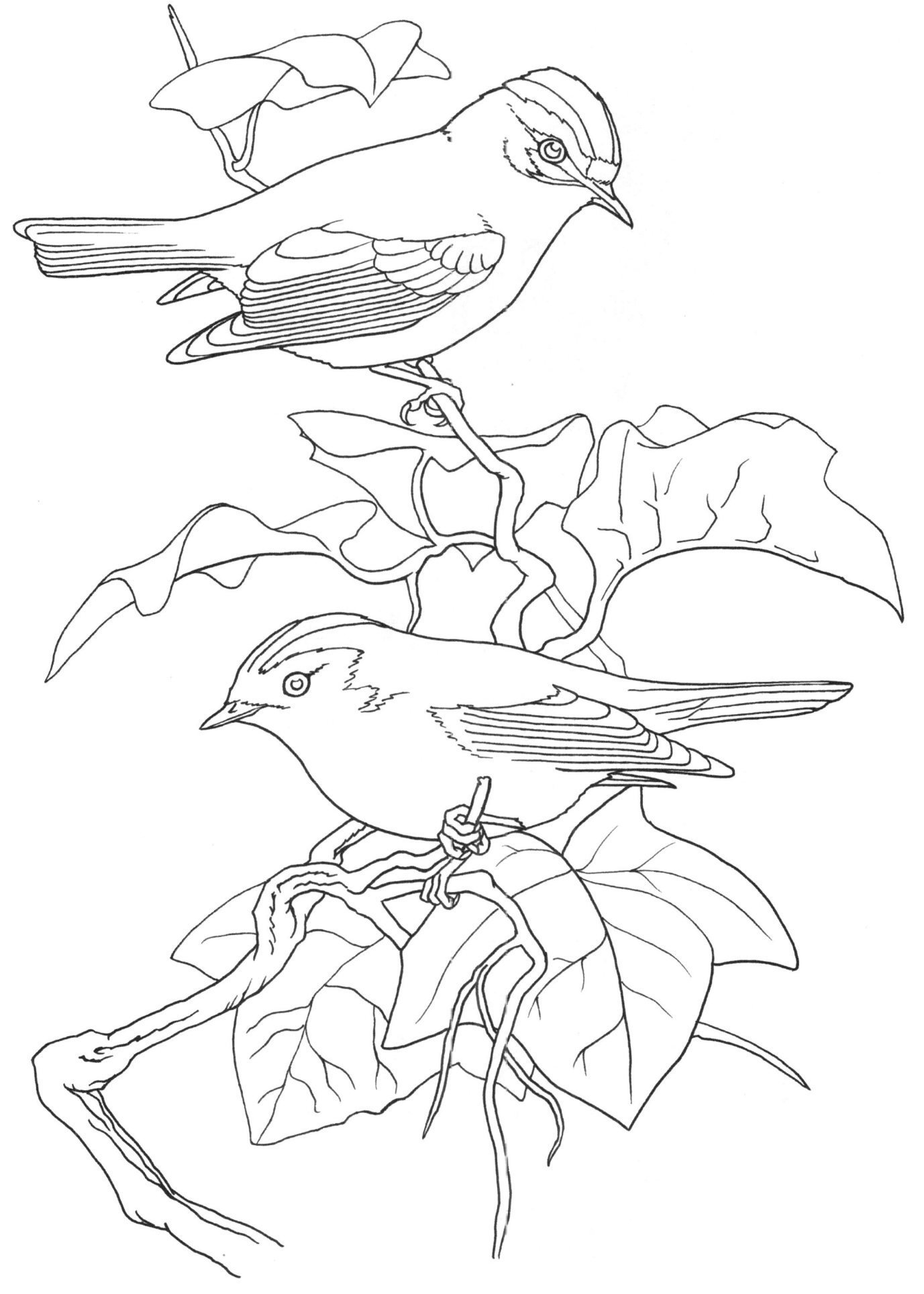

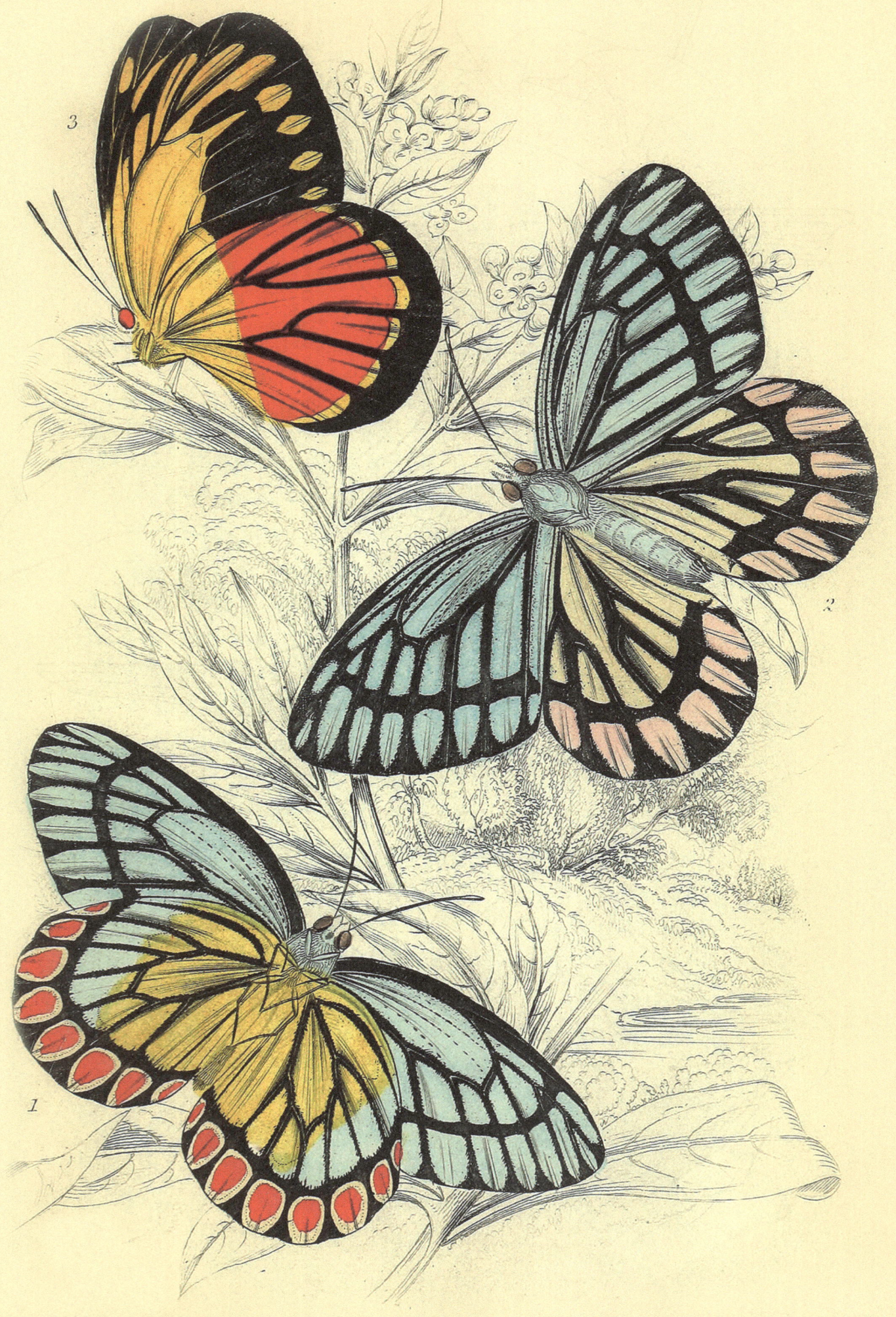

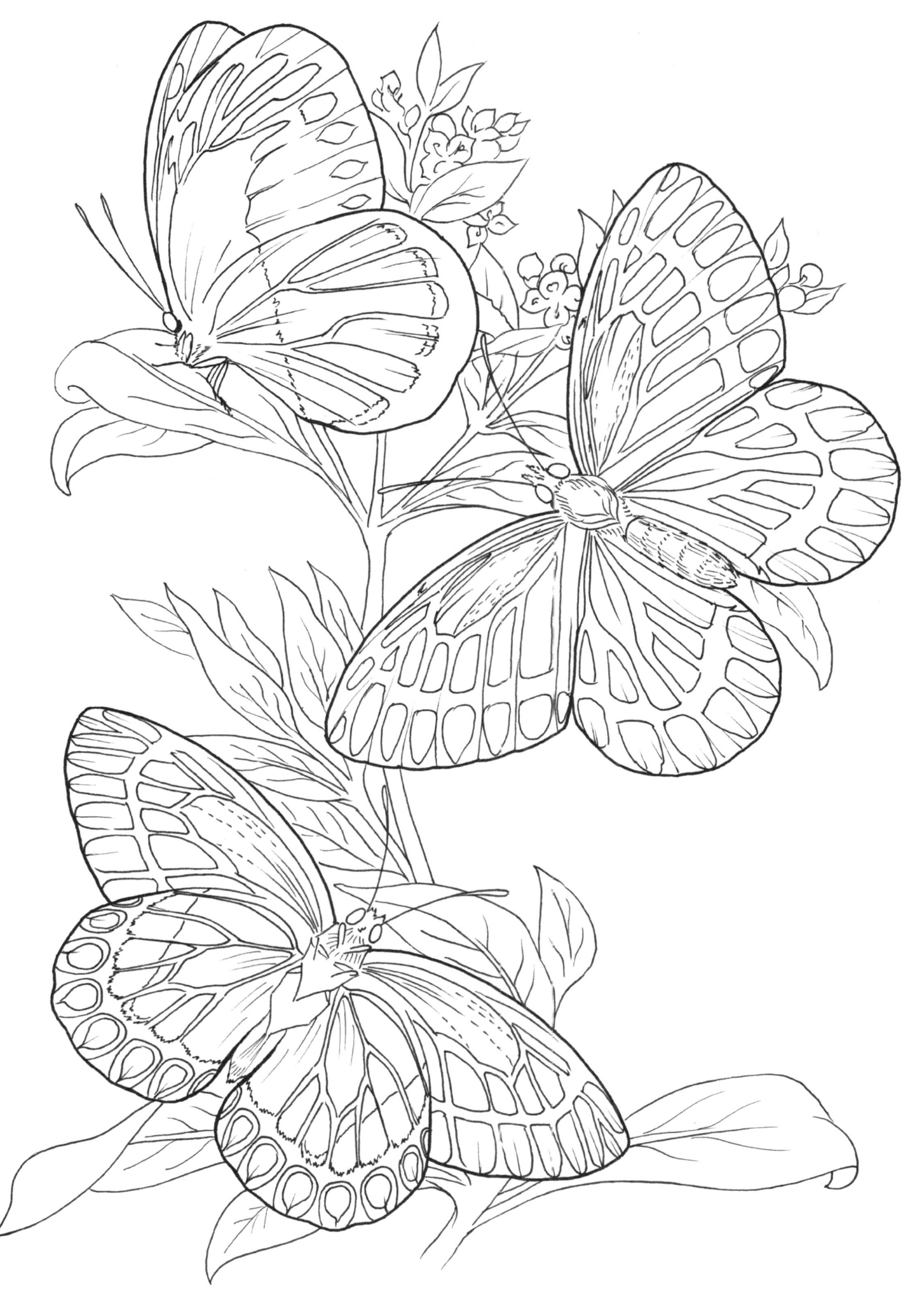

4

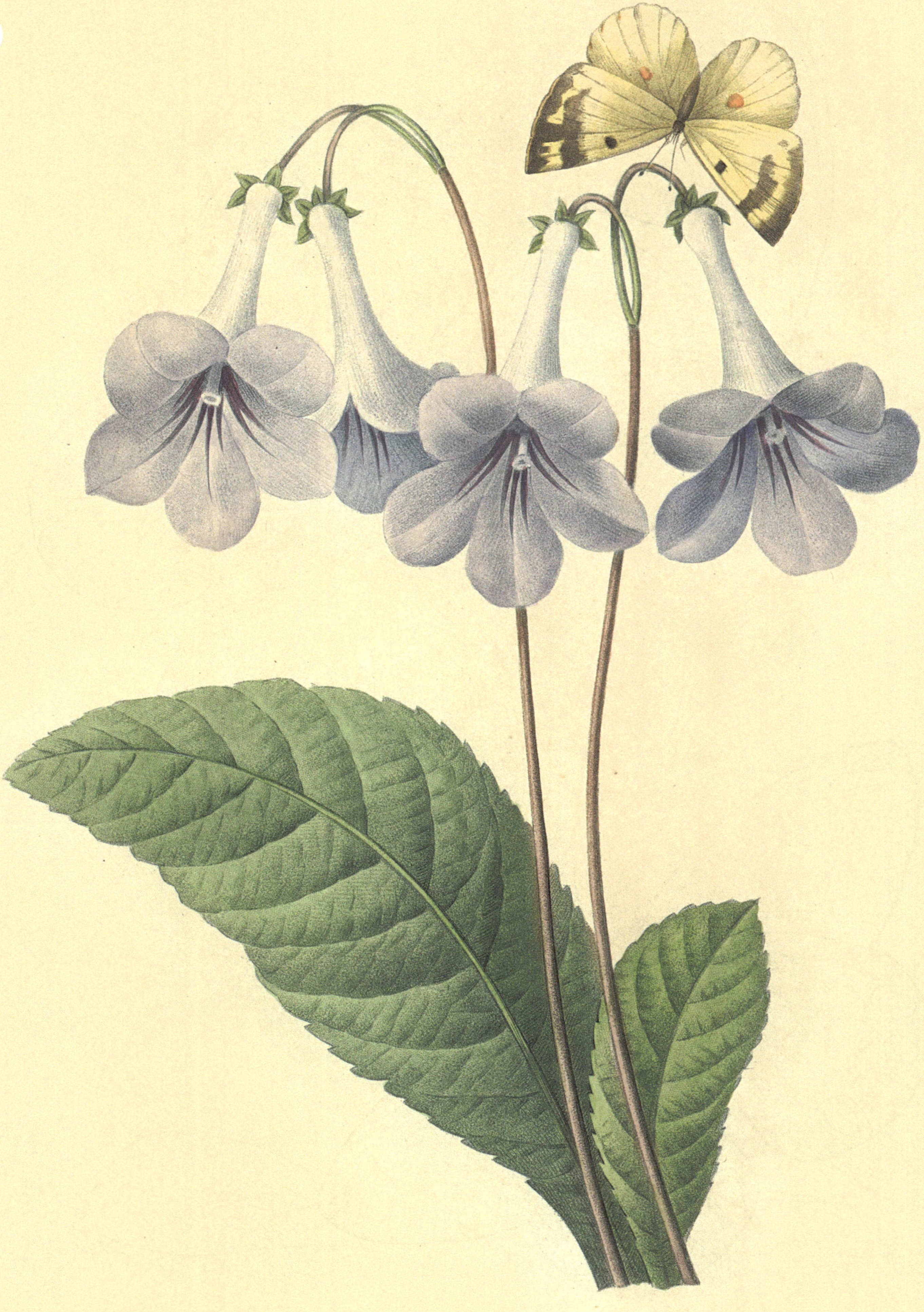

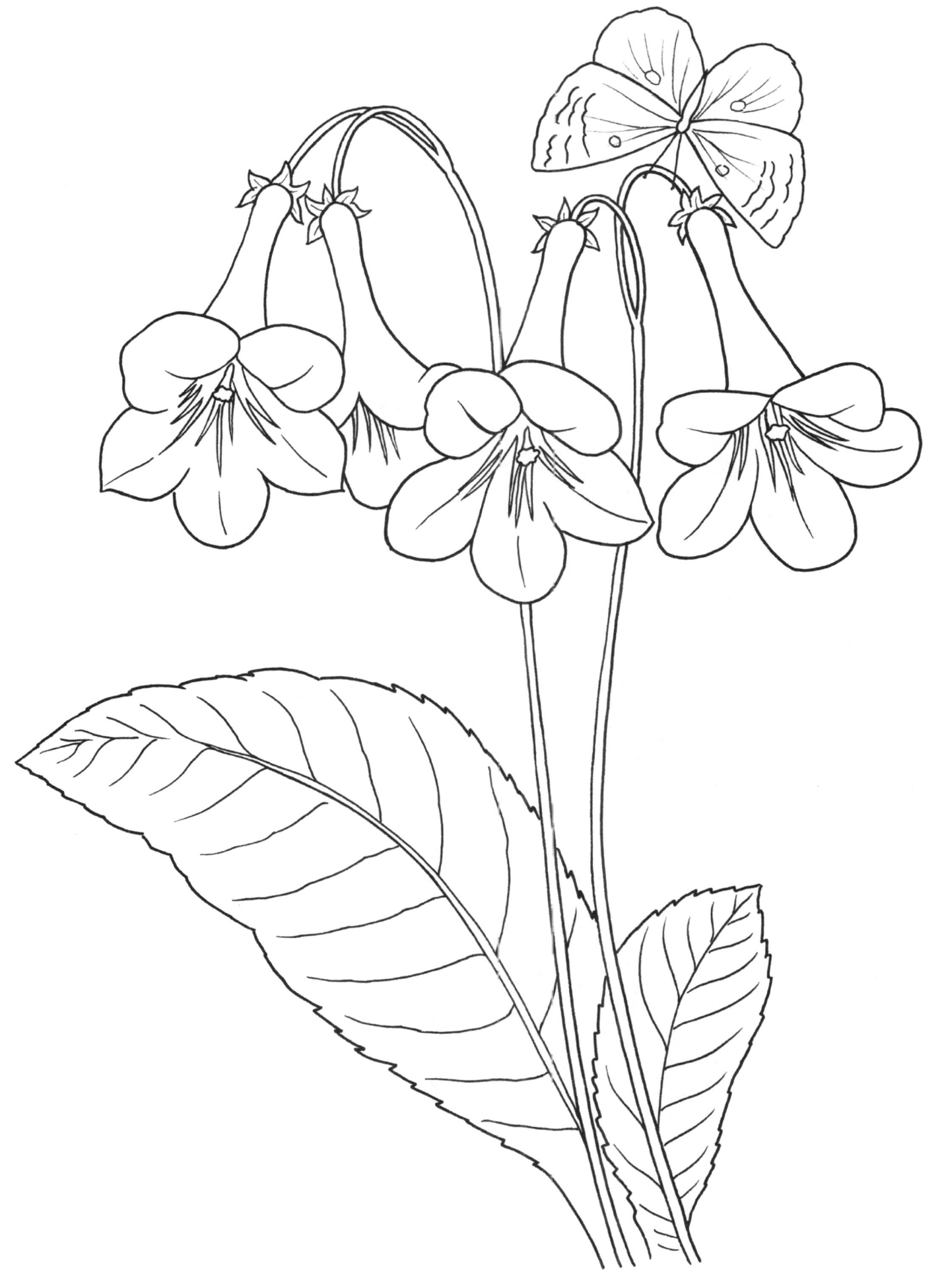

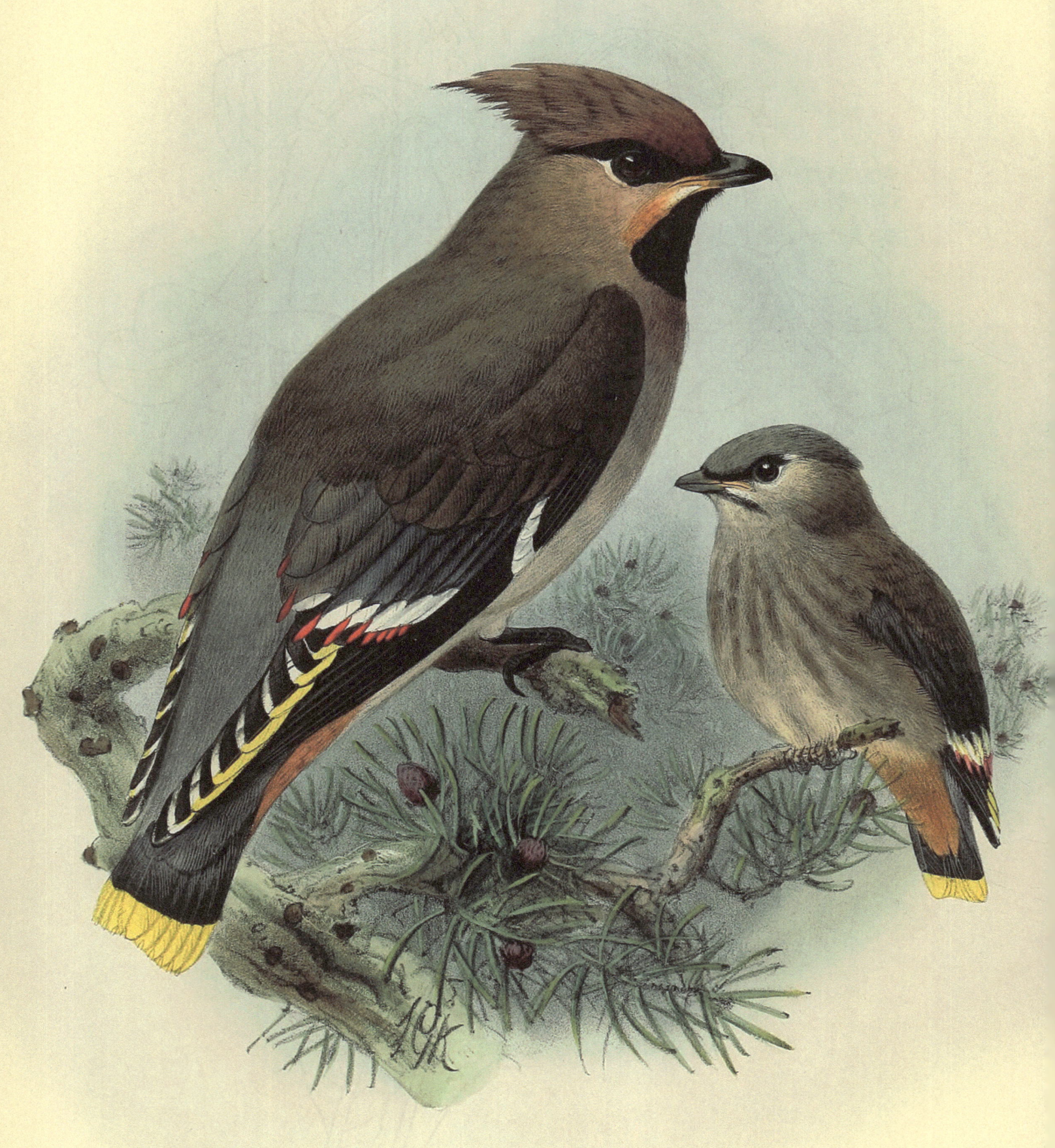

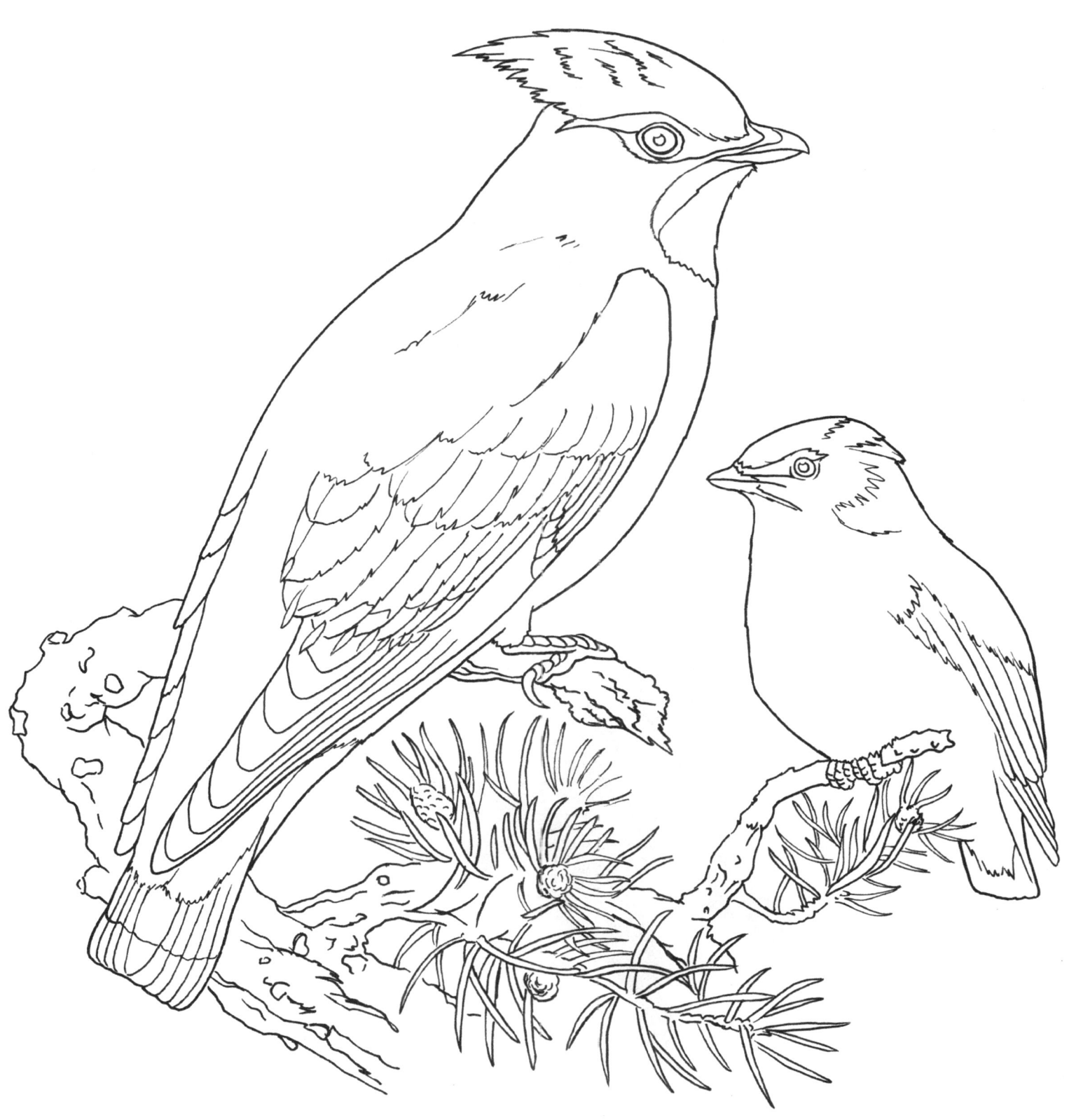

6

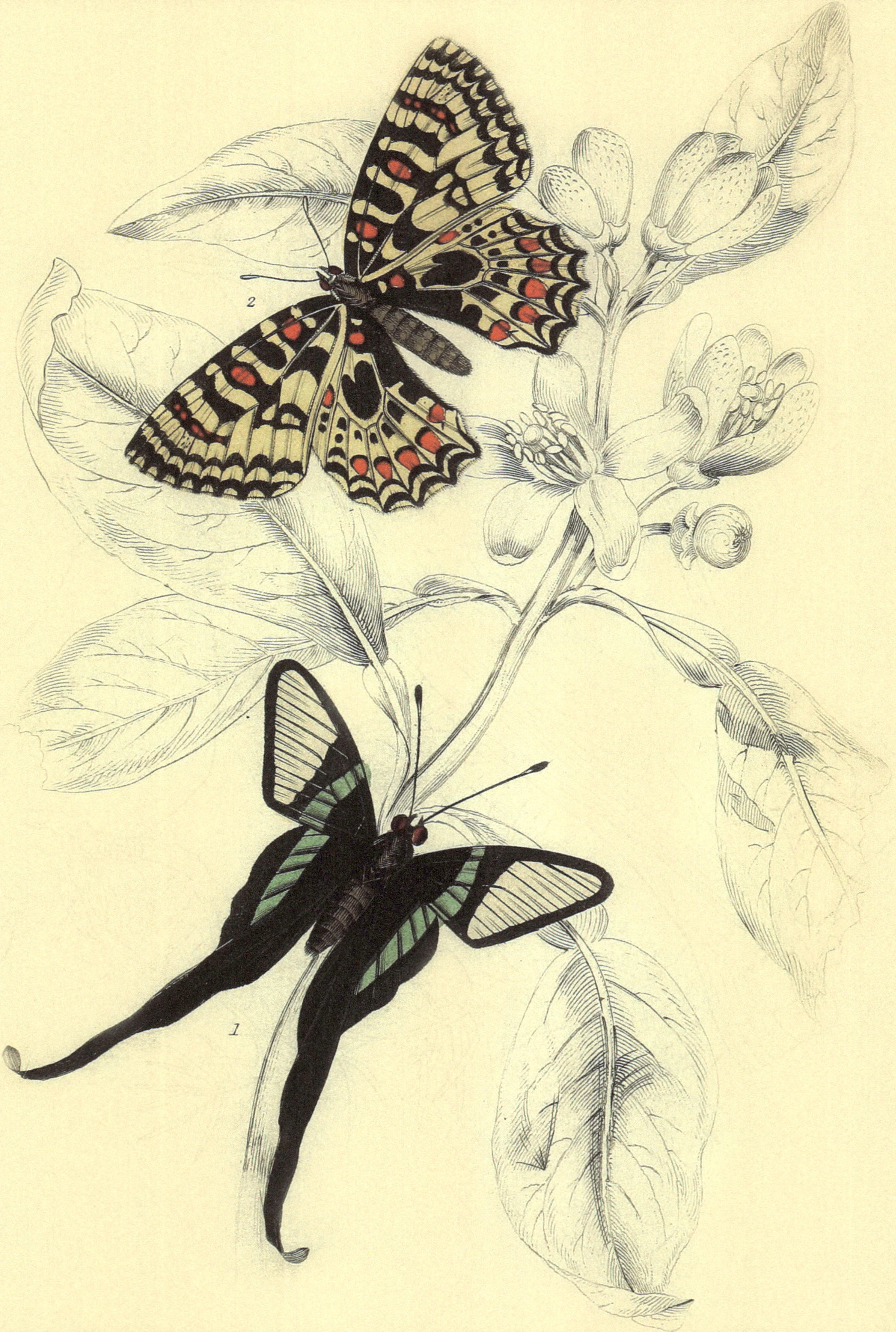

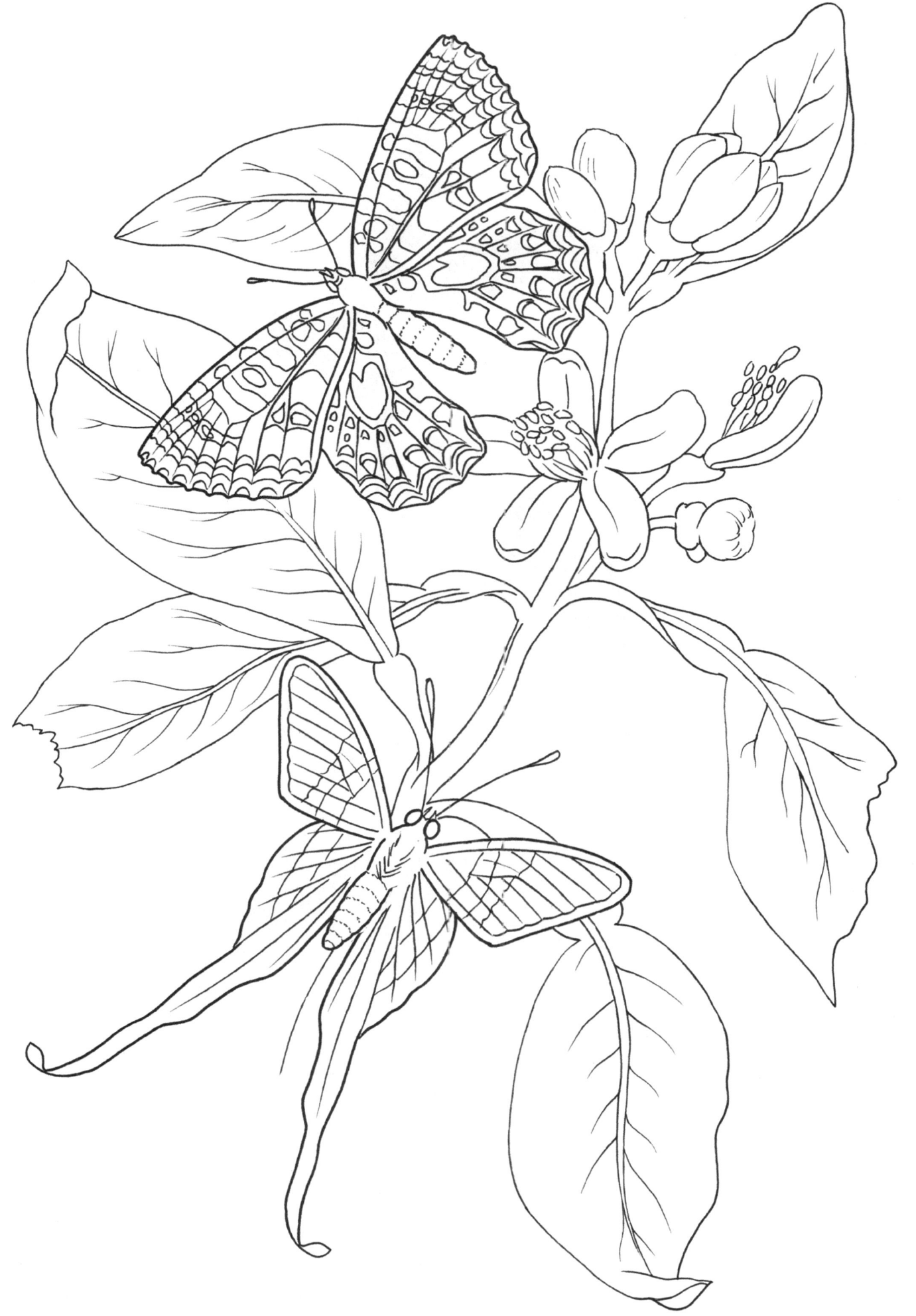

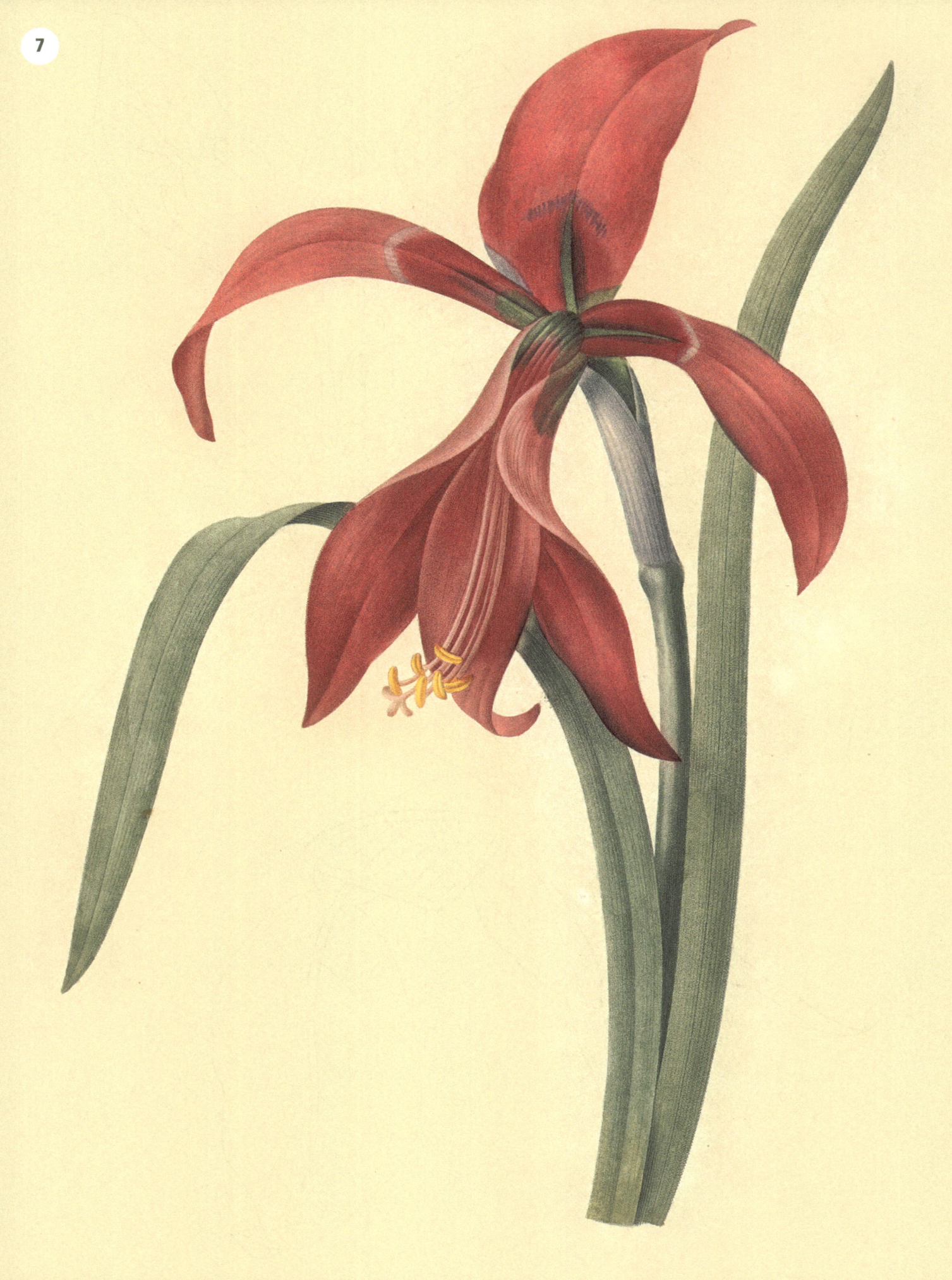

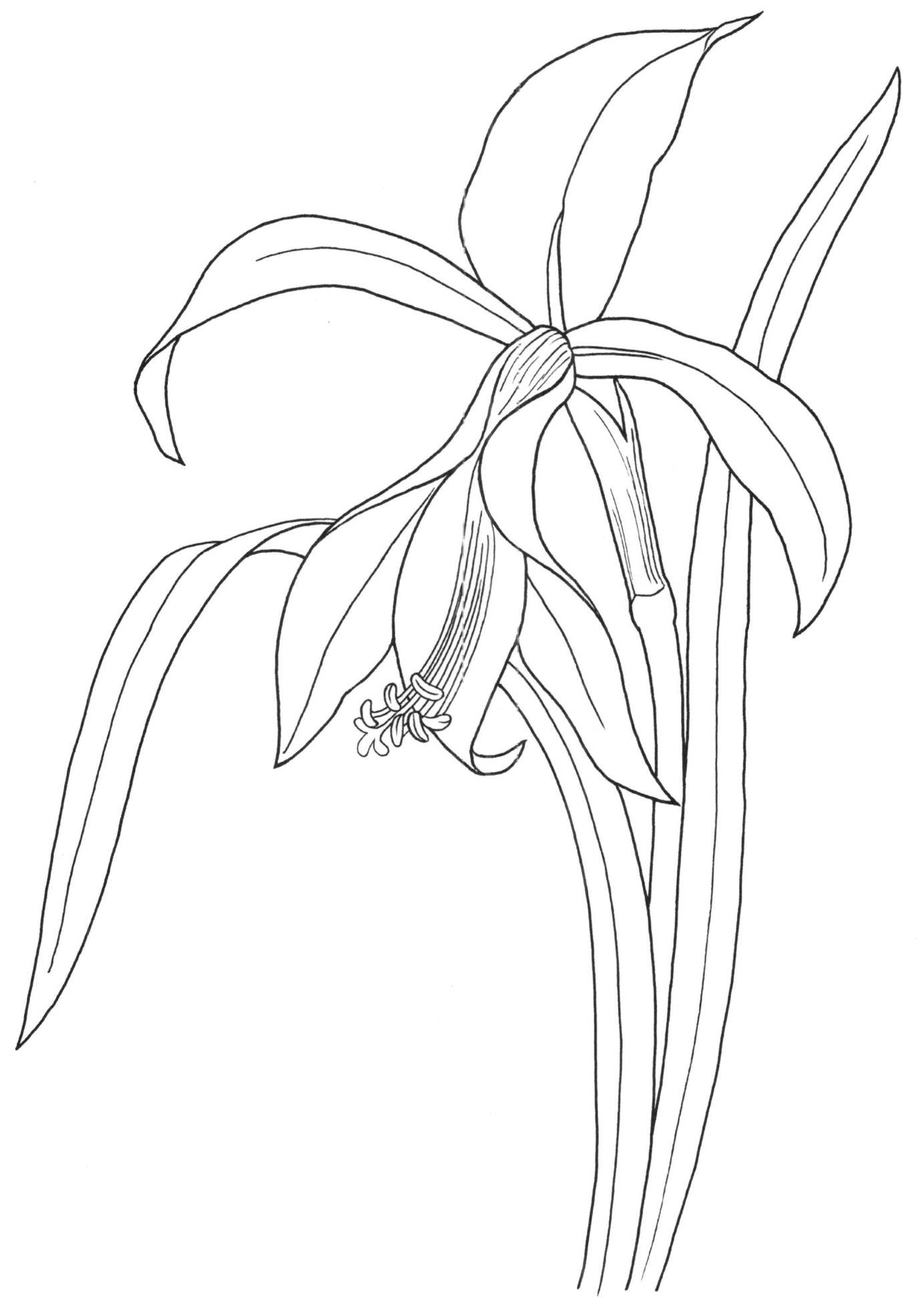

8

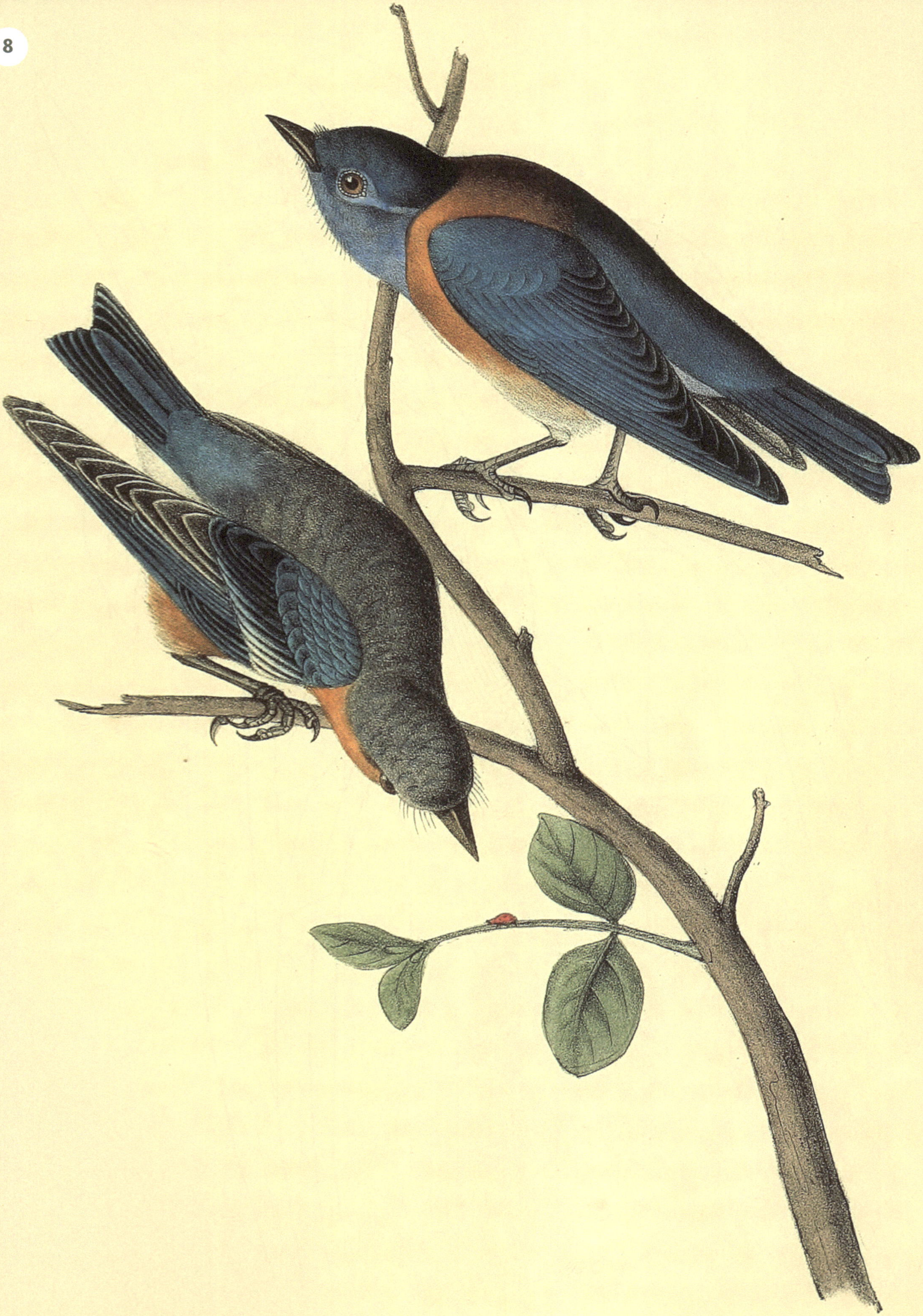

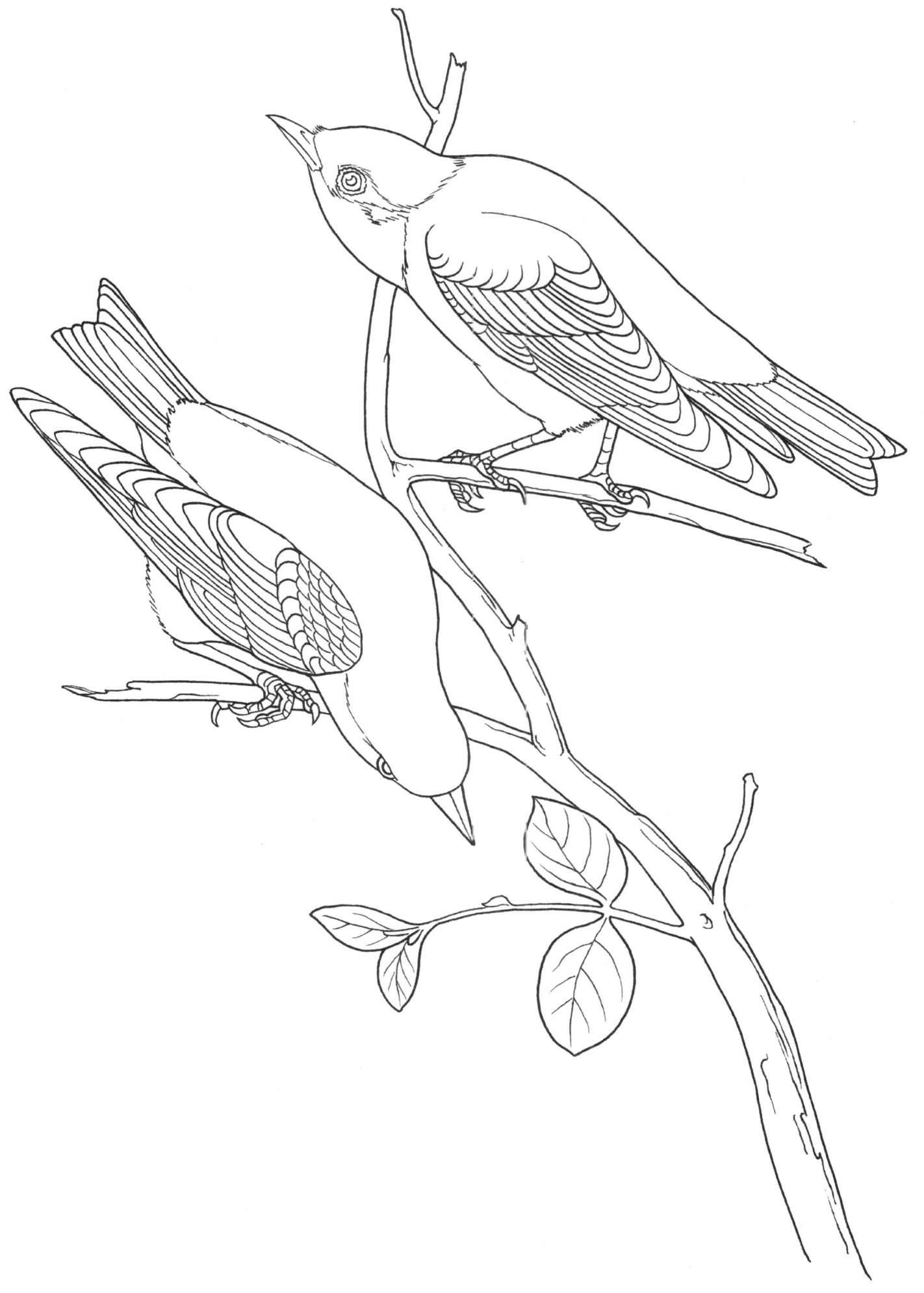

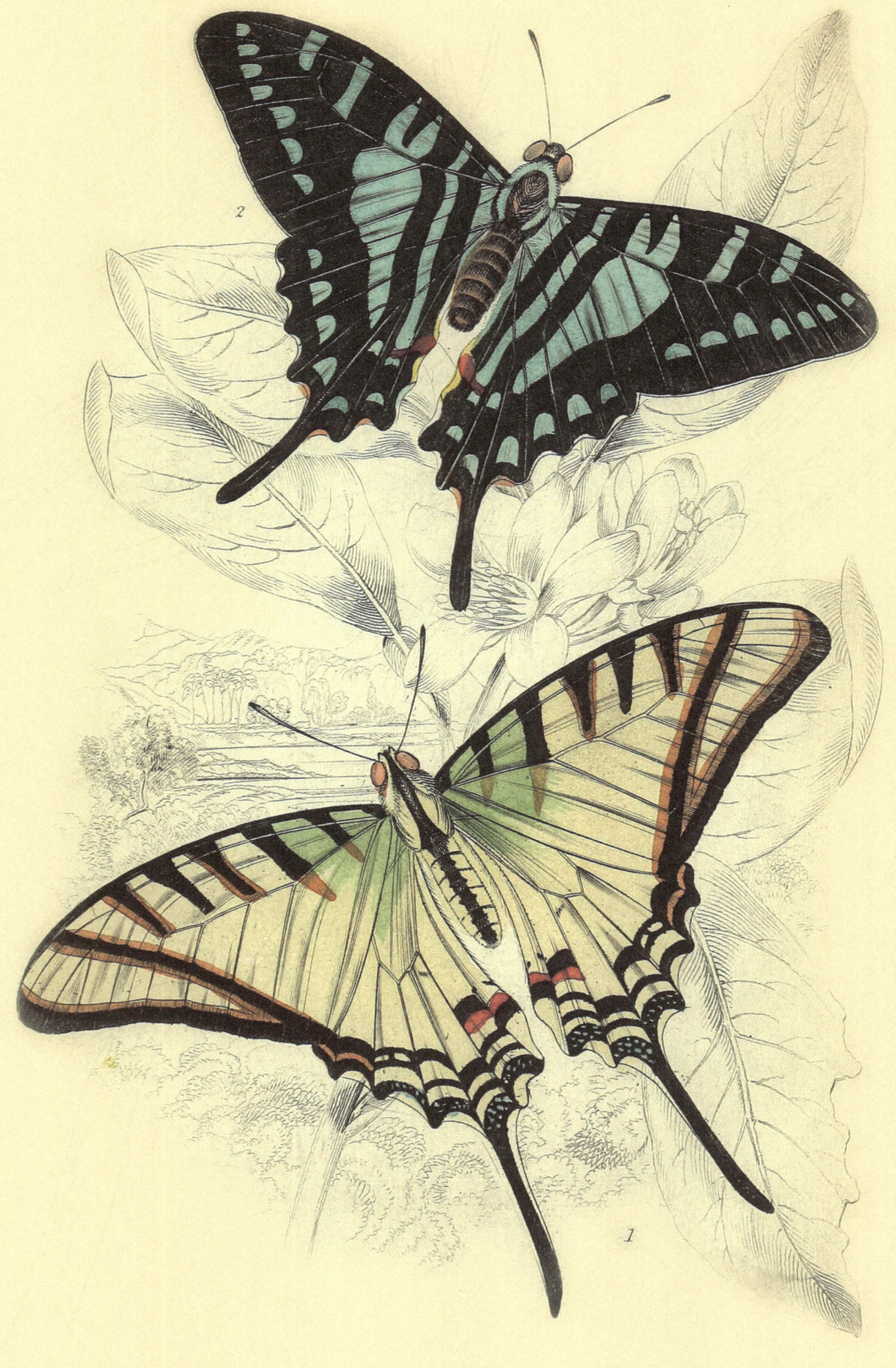

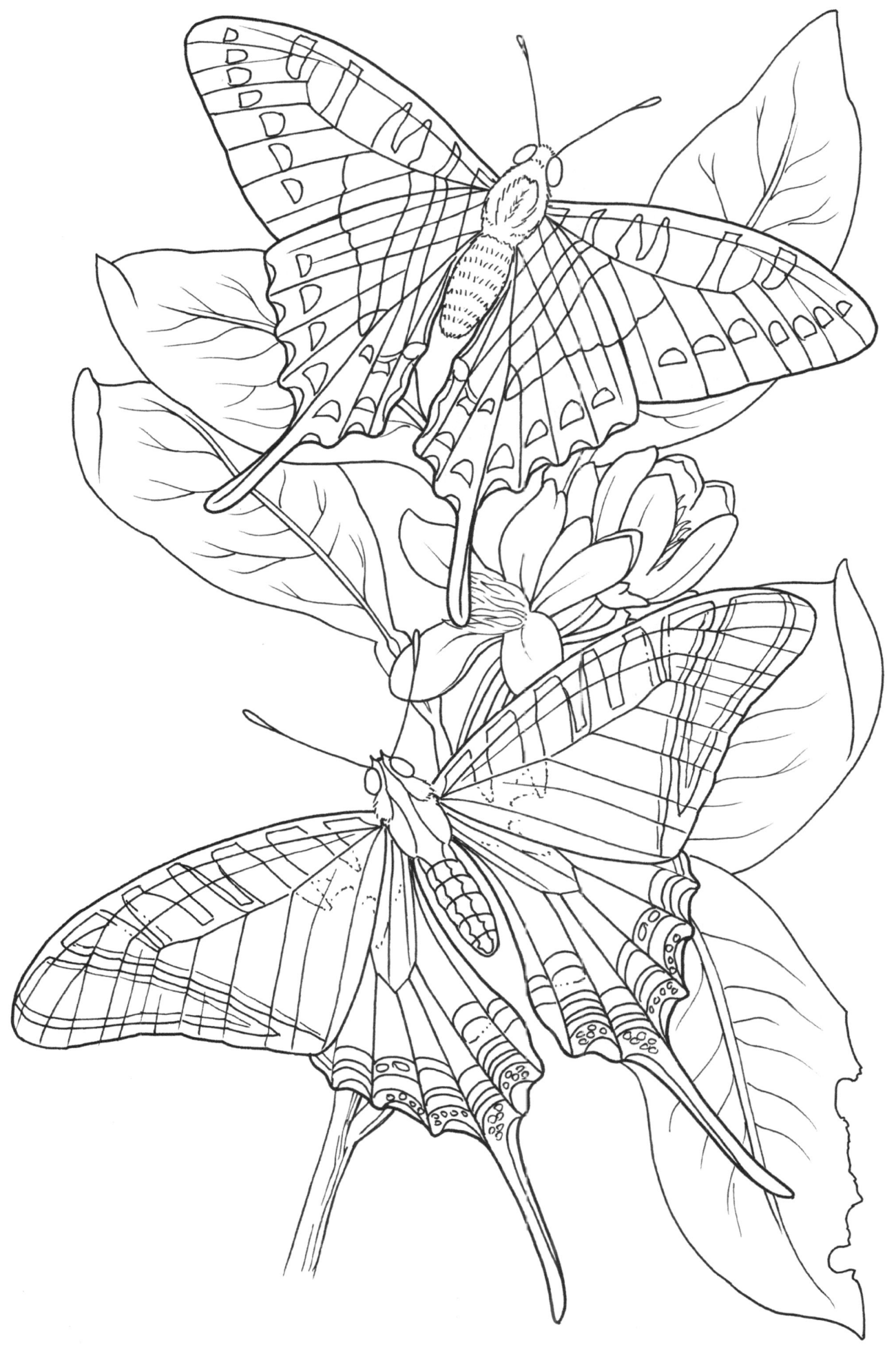

10

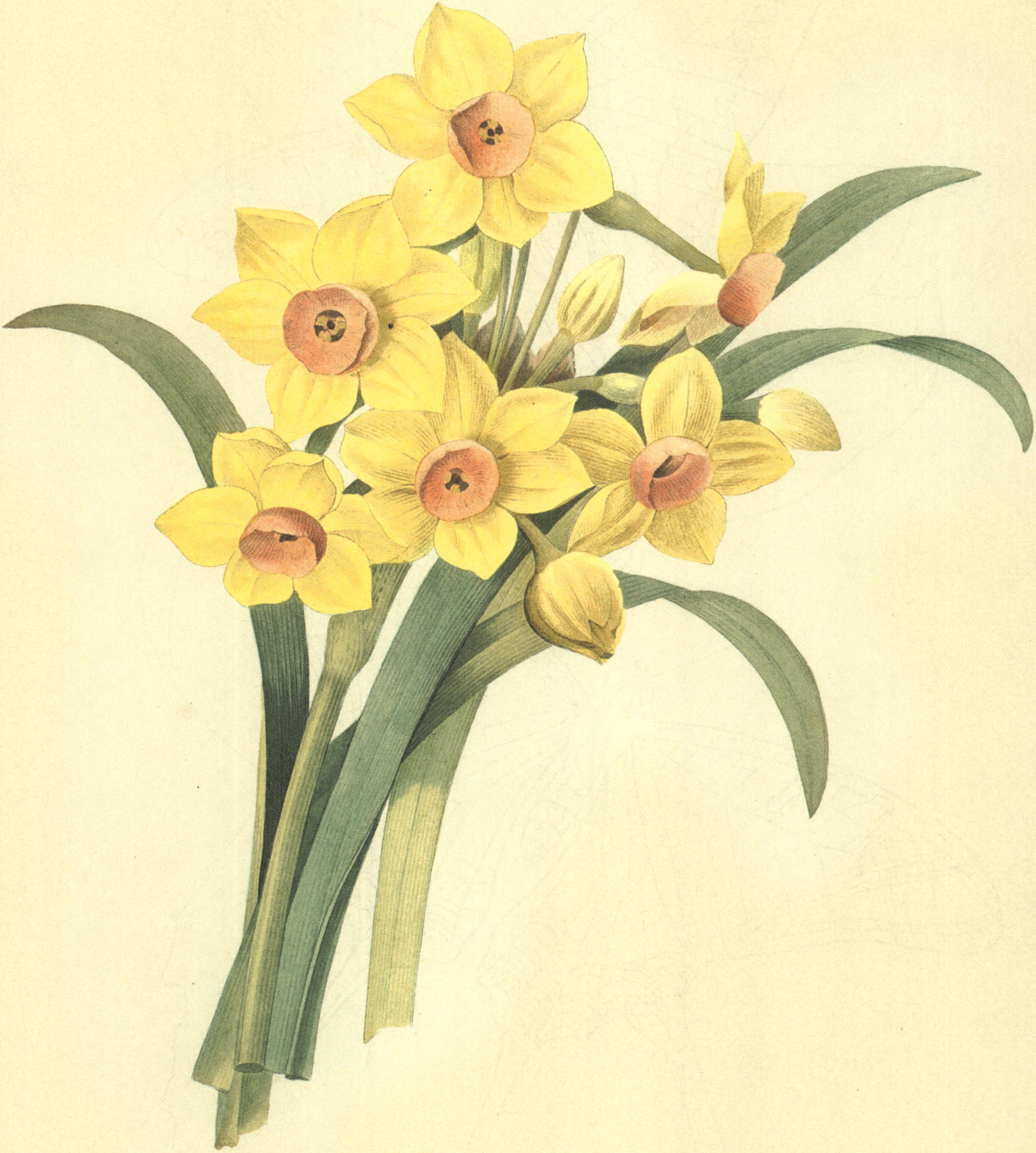

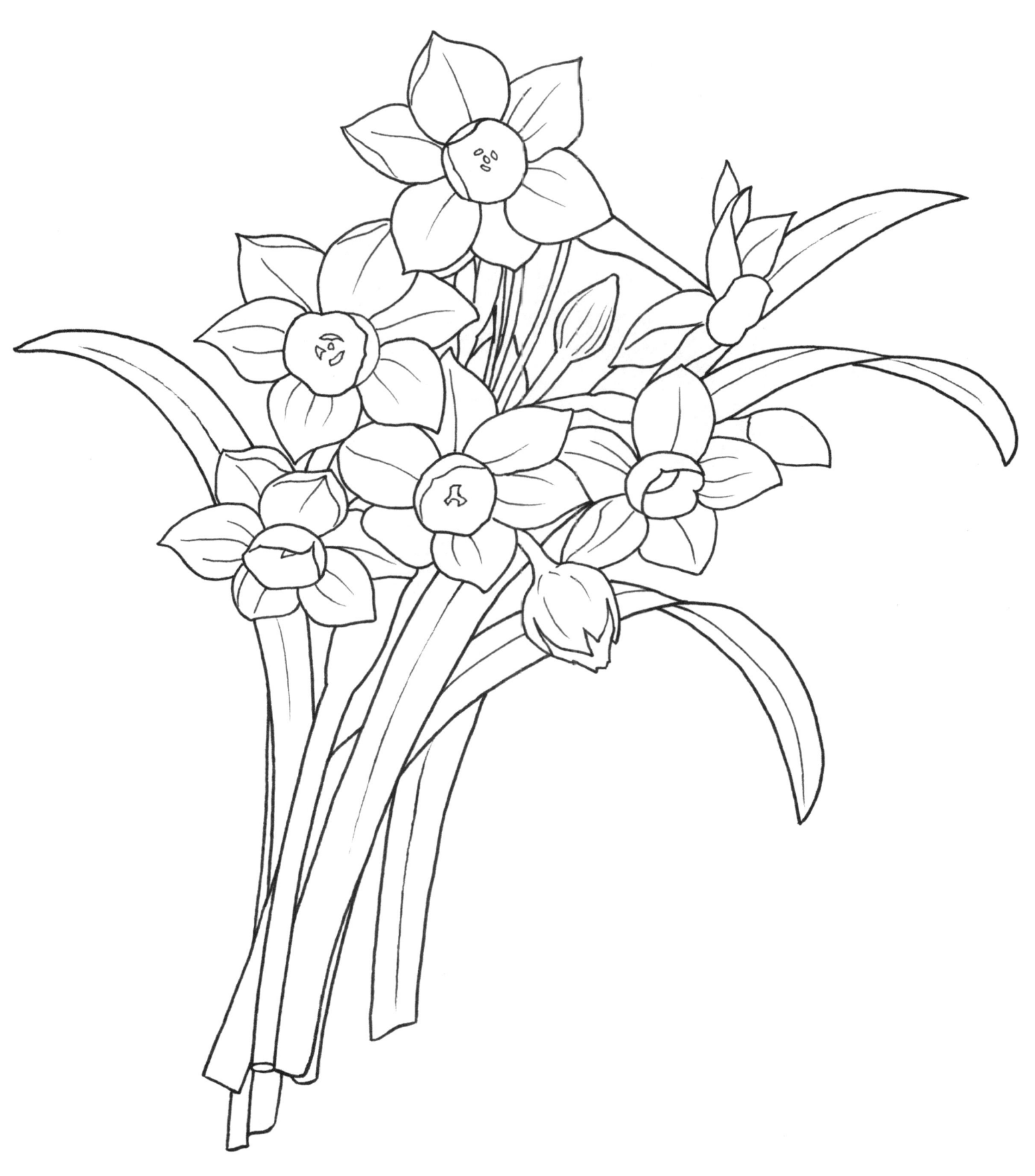

11

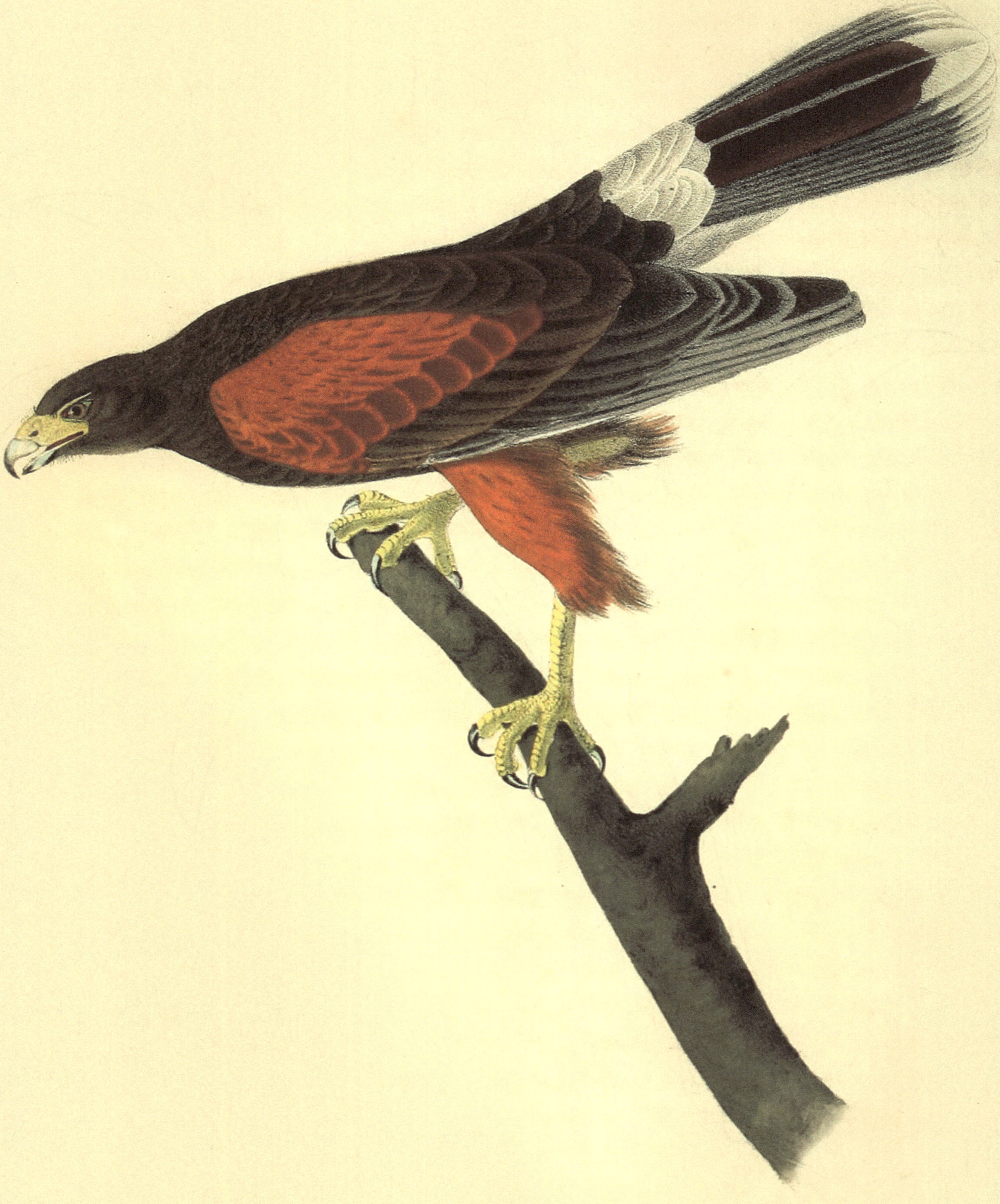

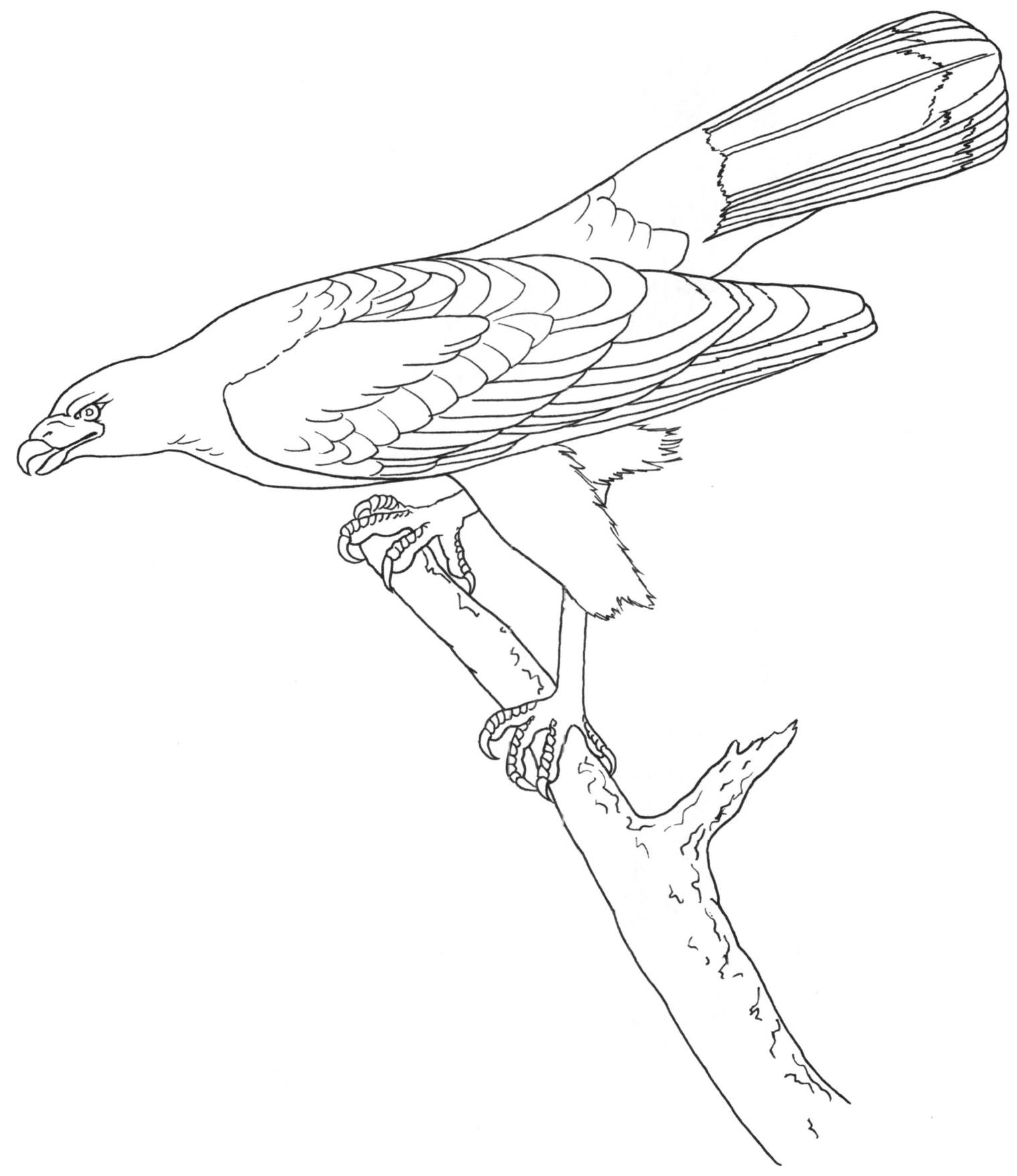

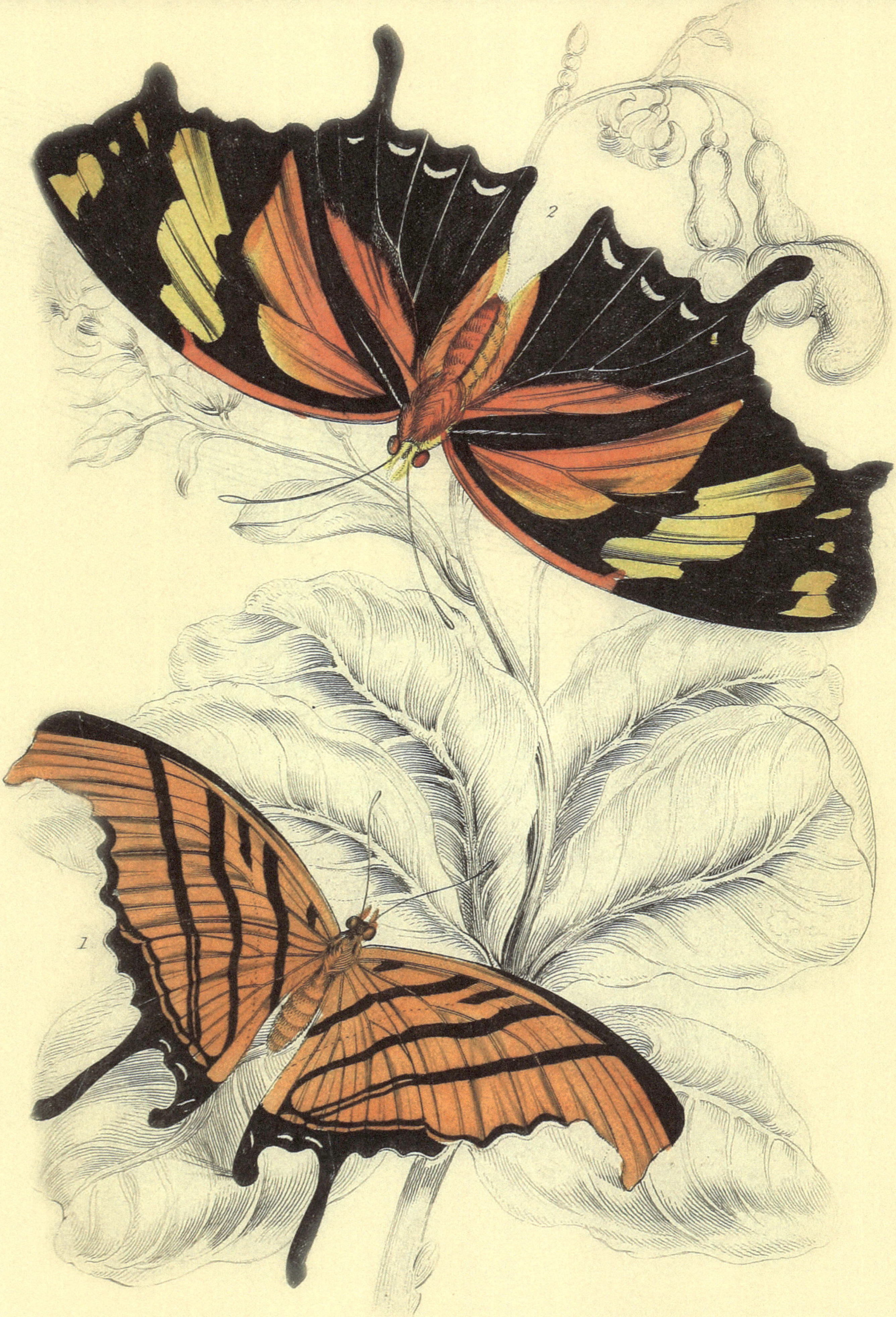
2
1

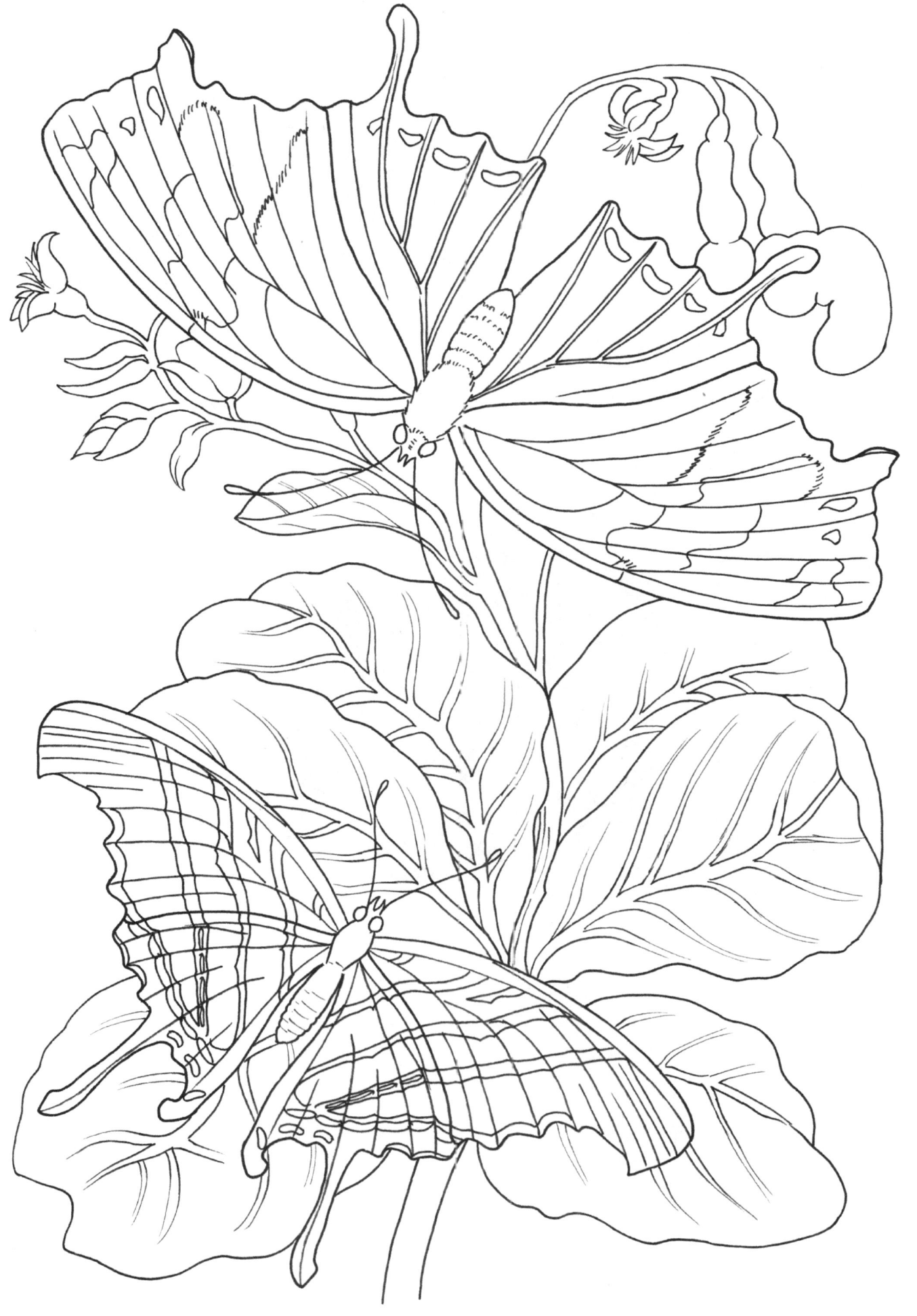

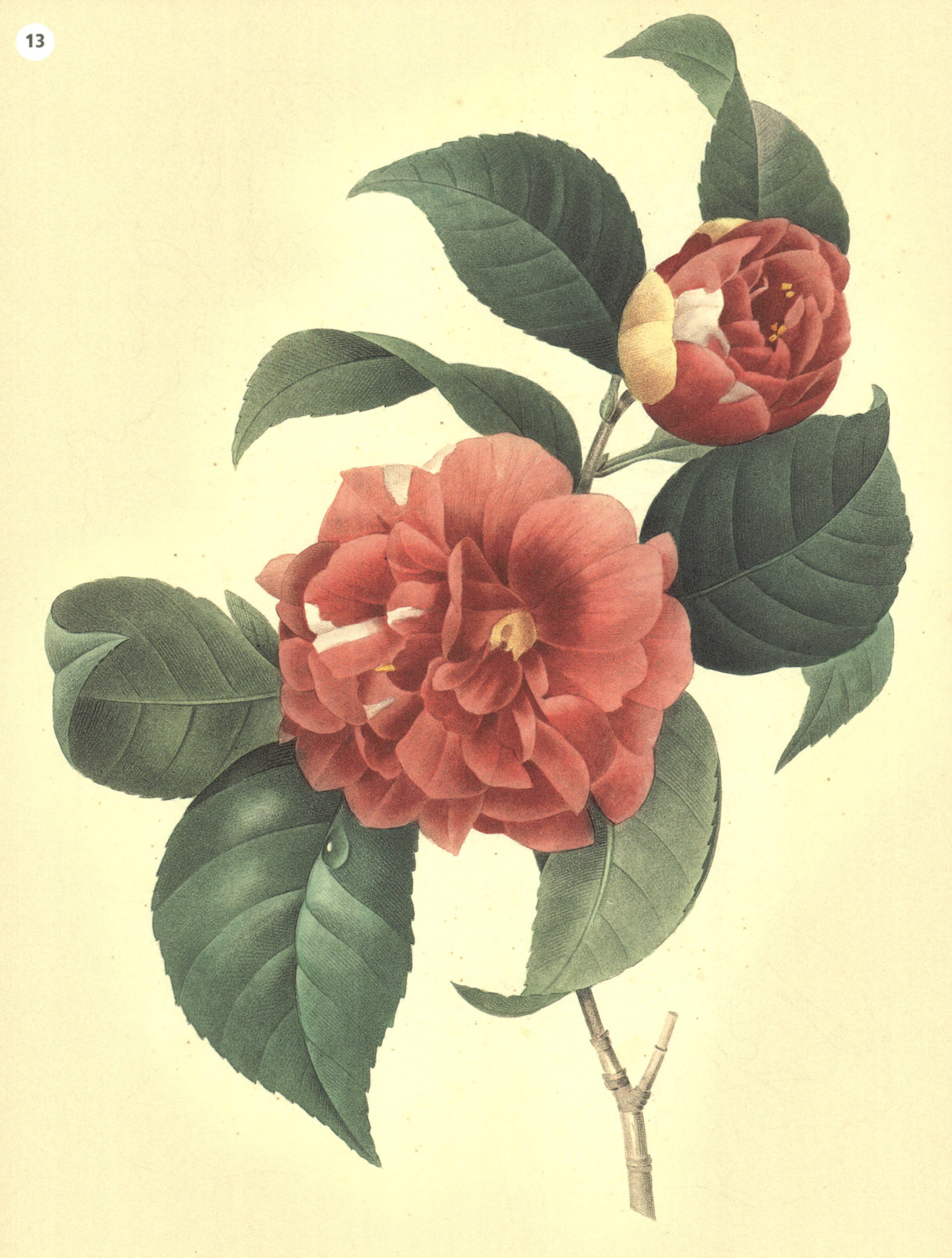

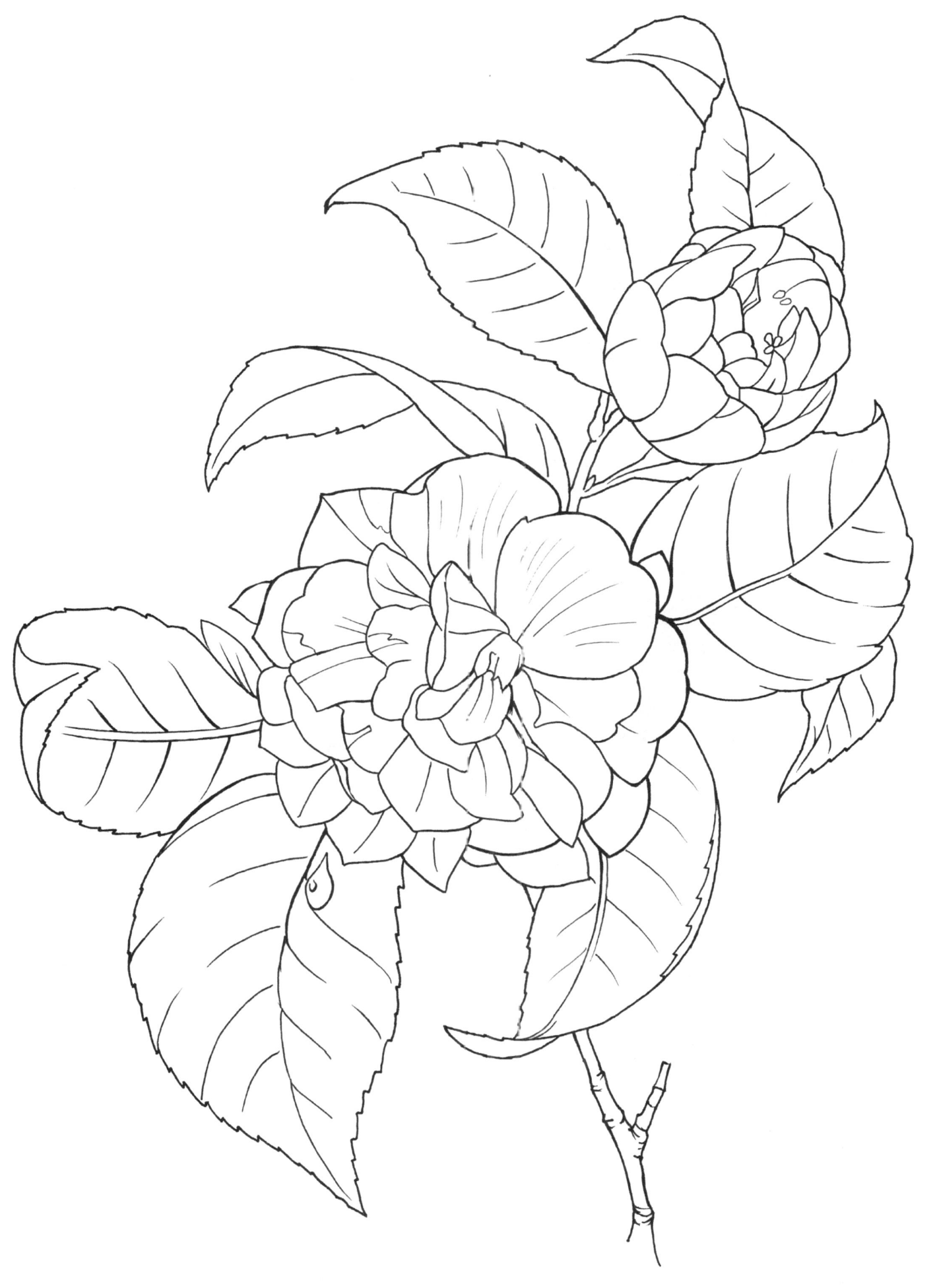

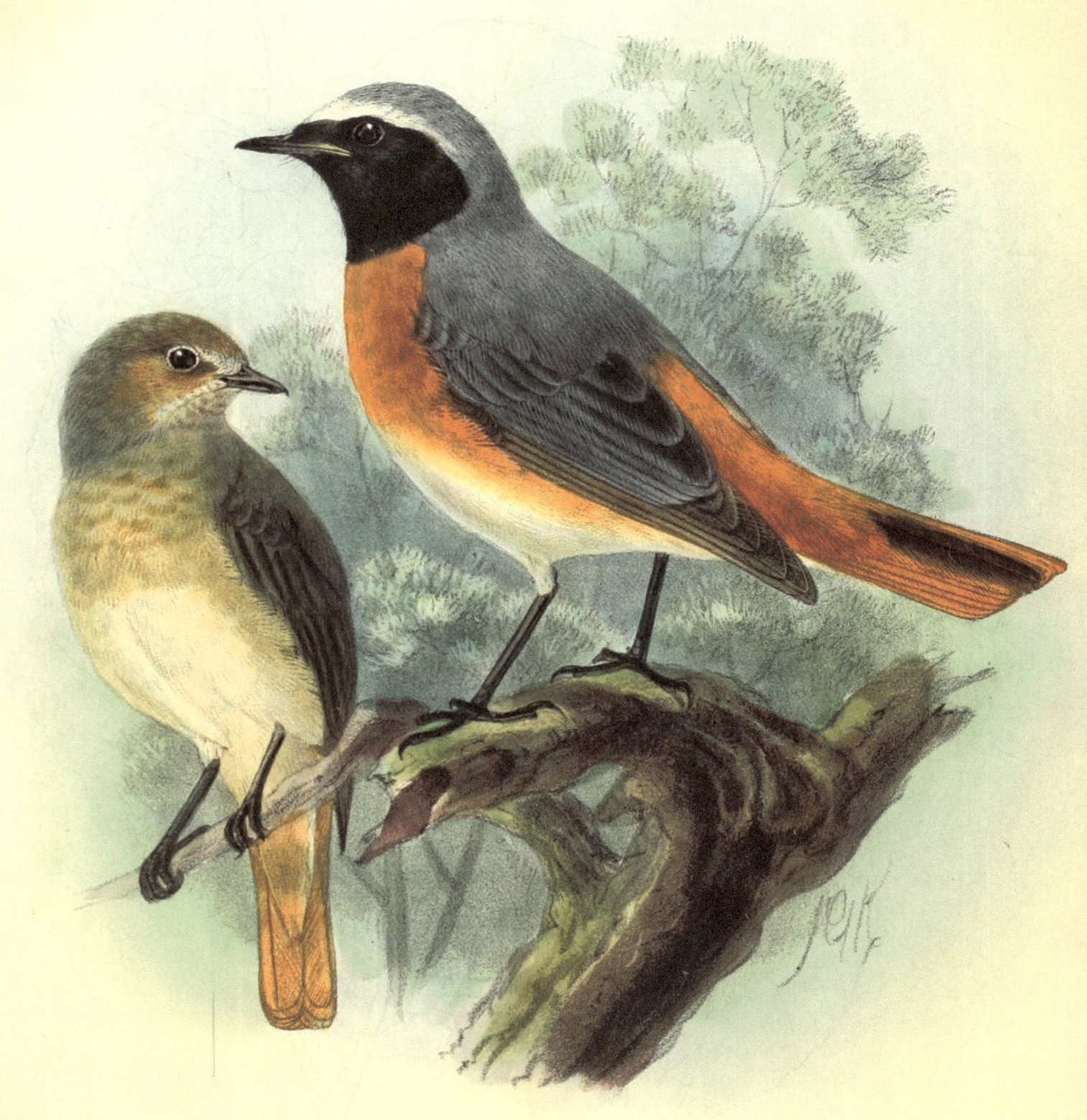

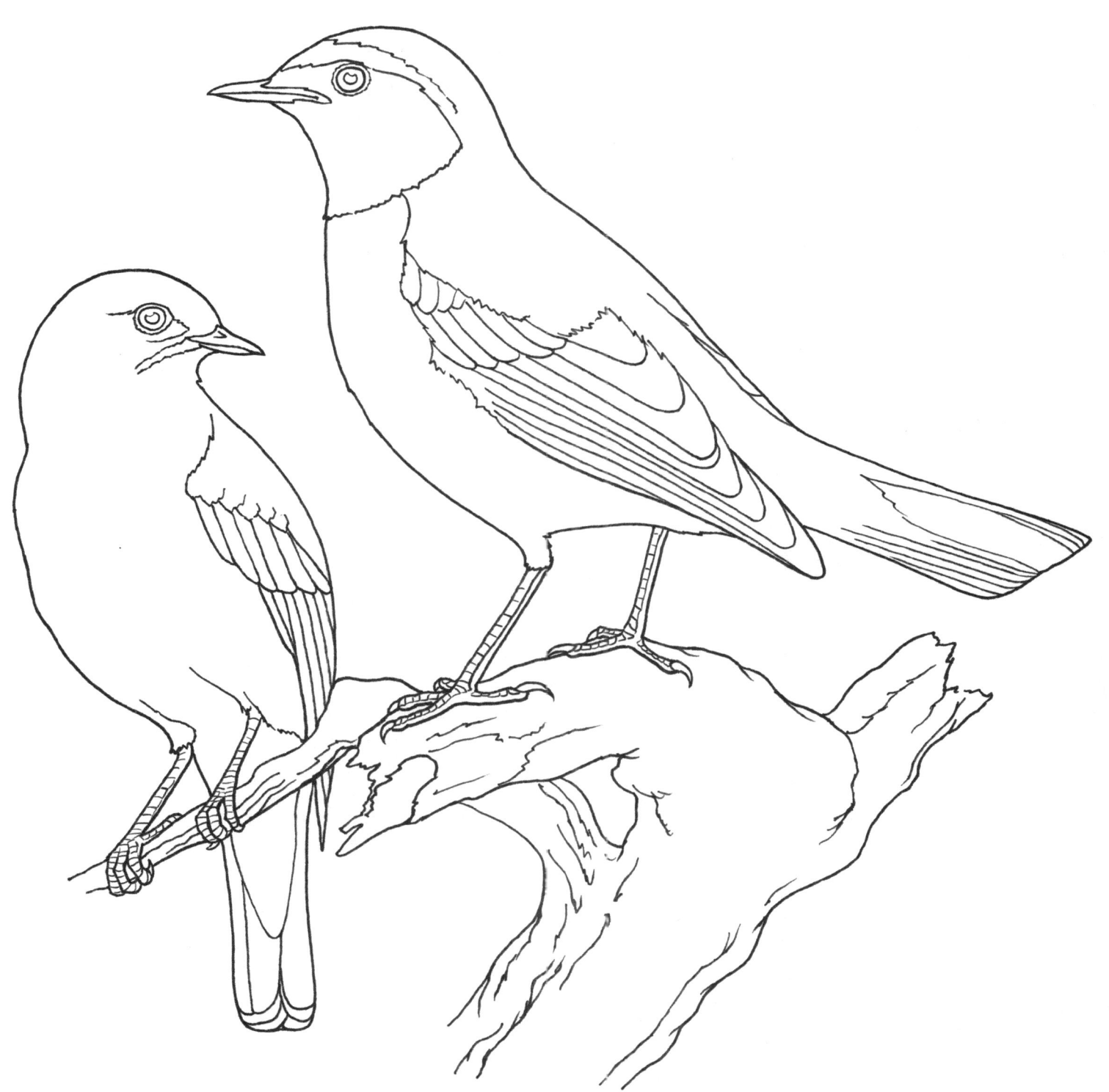

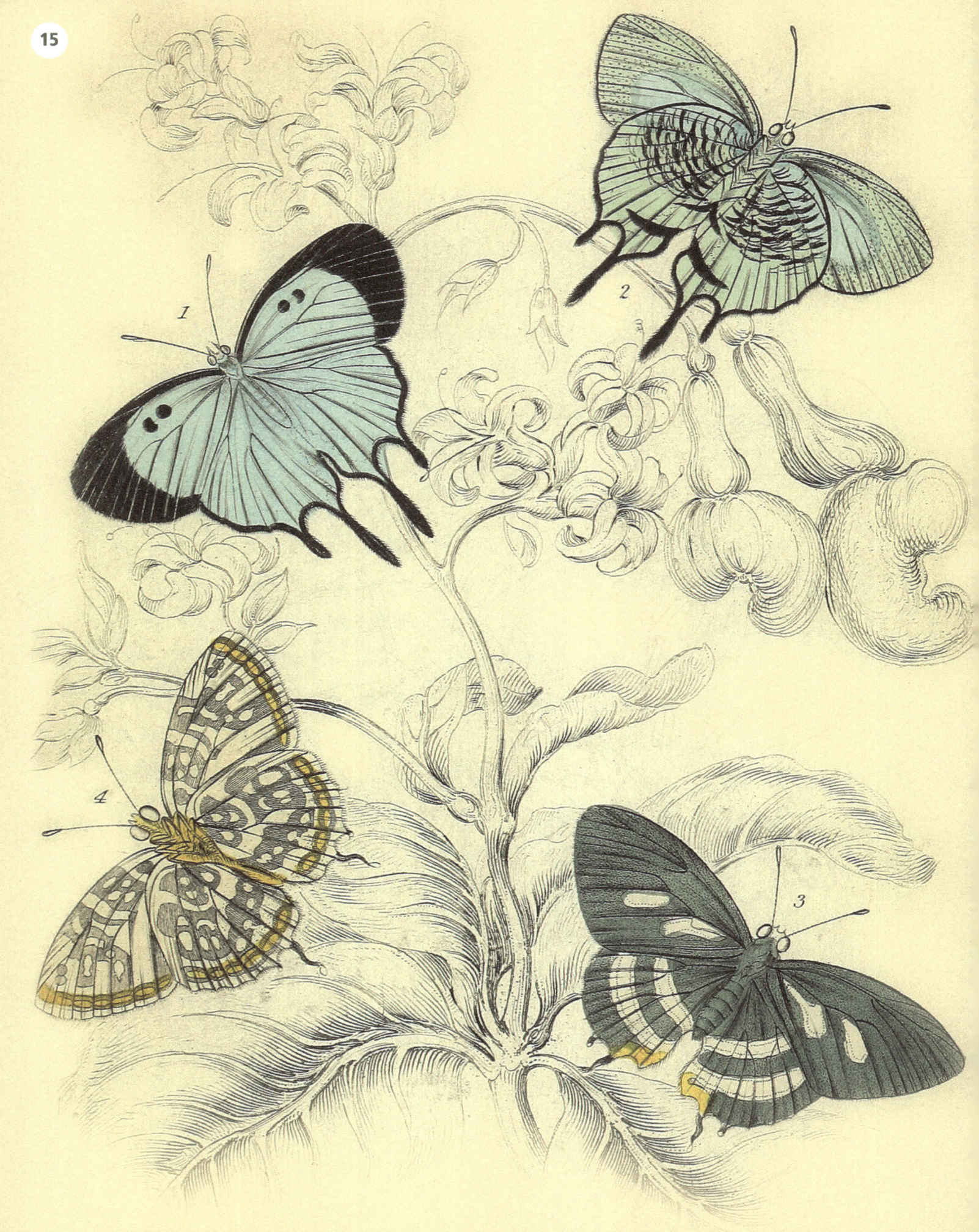

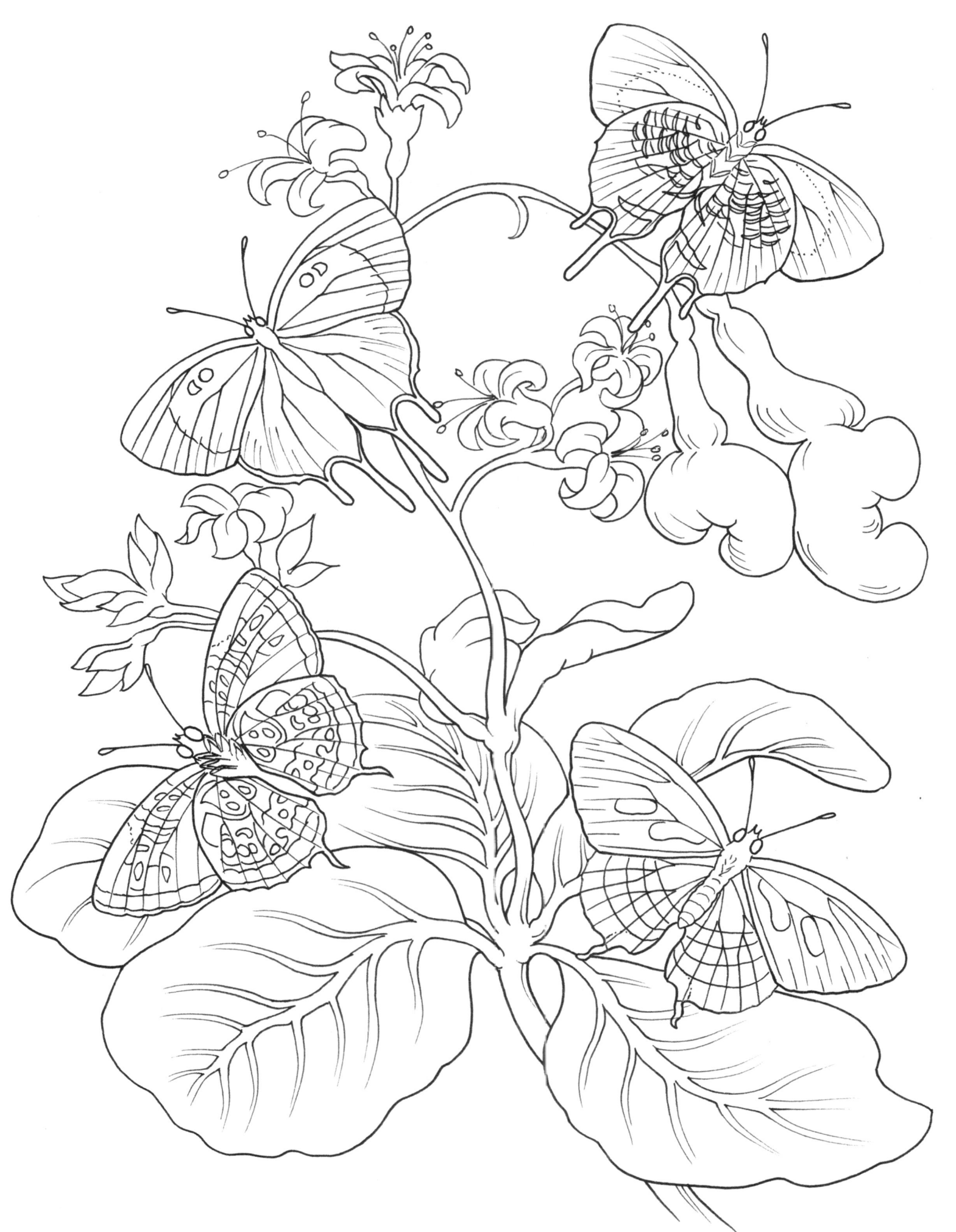

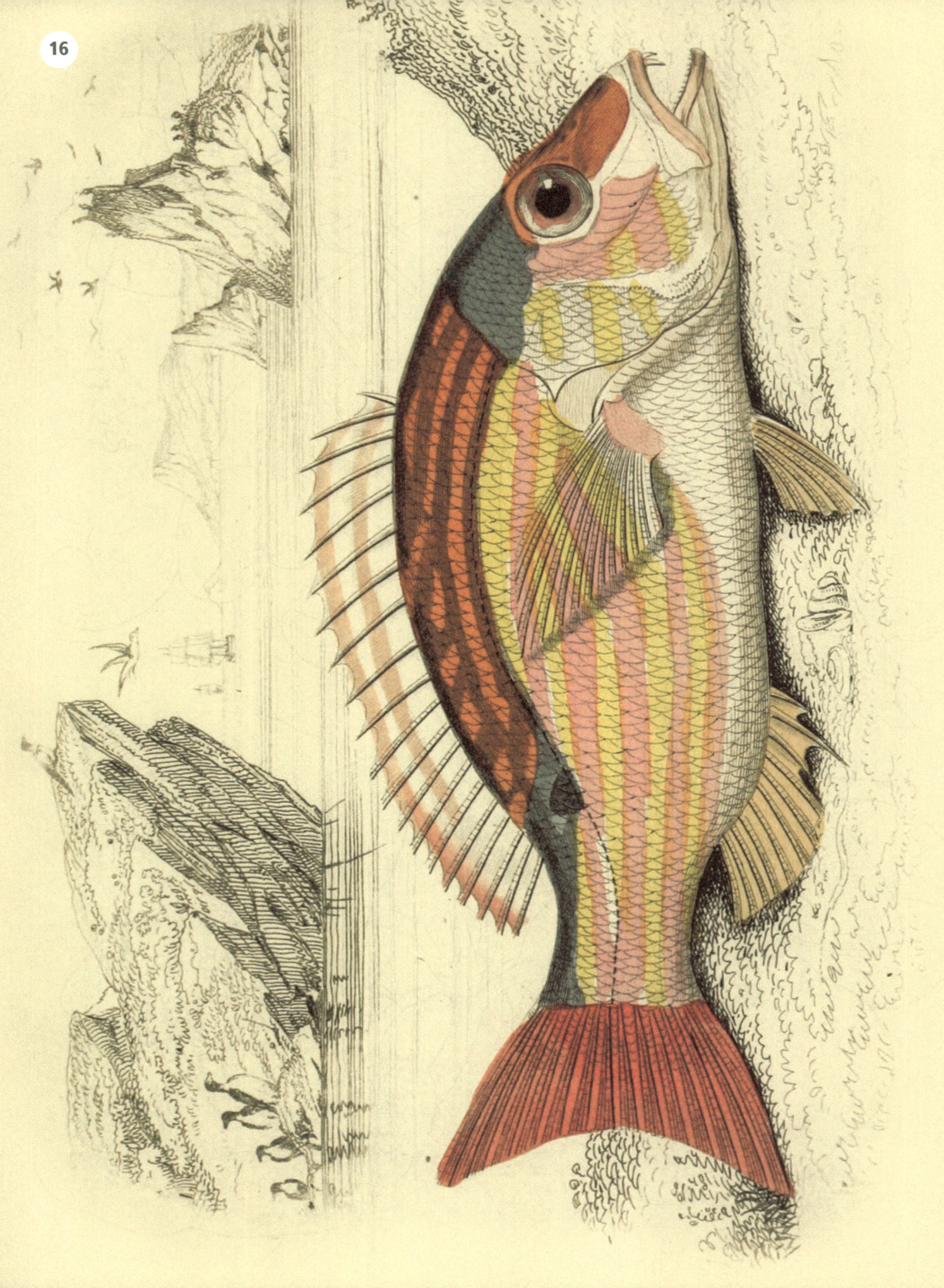

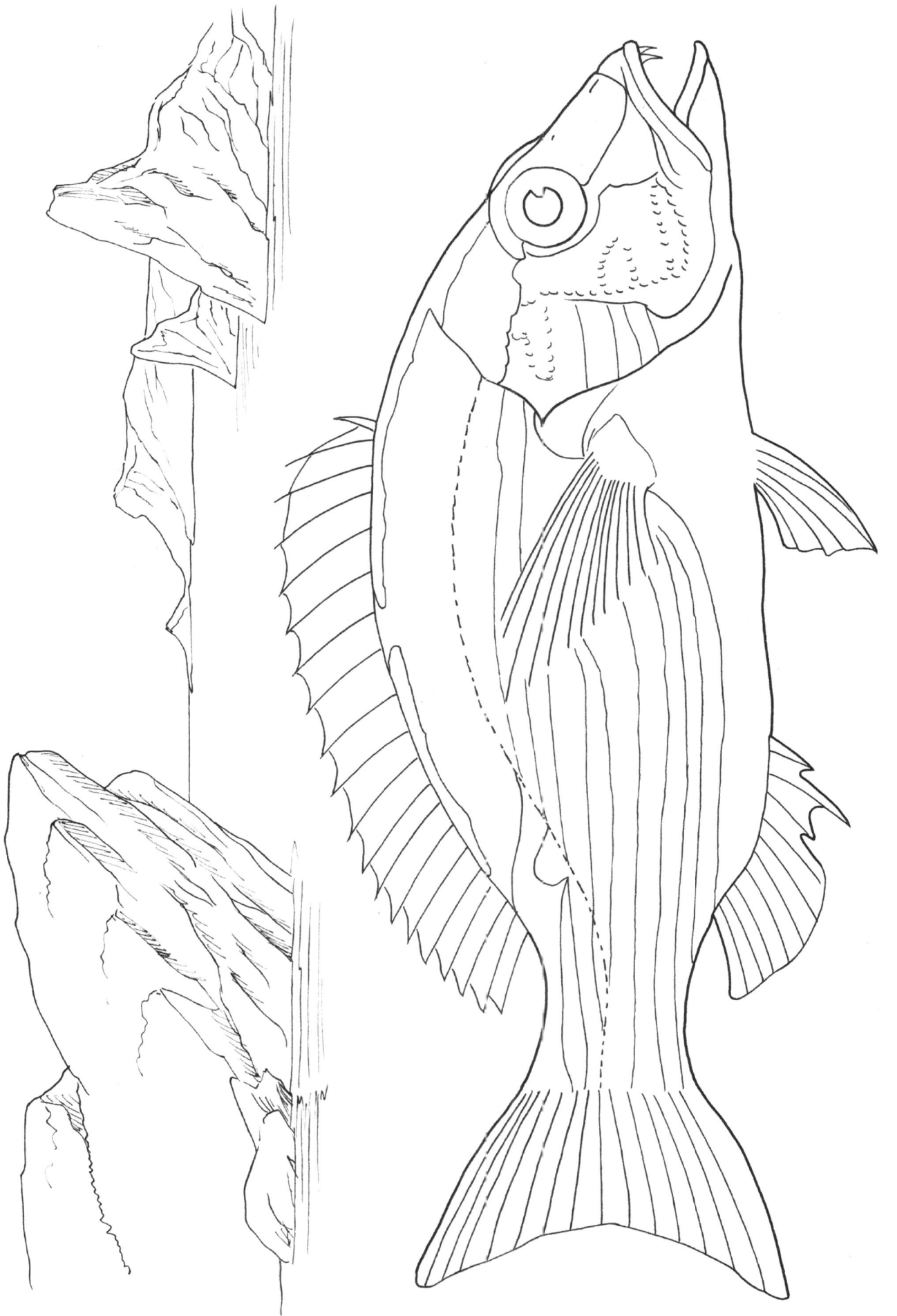

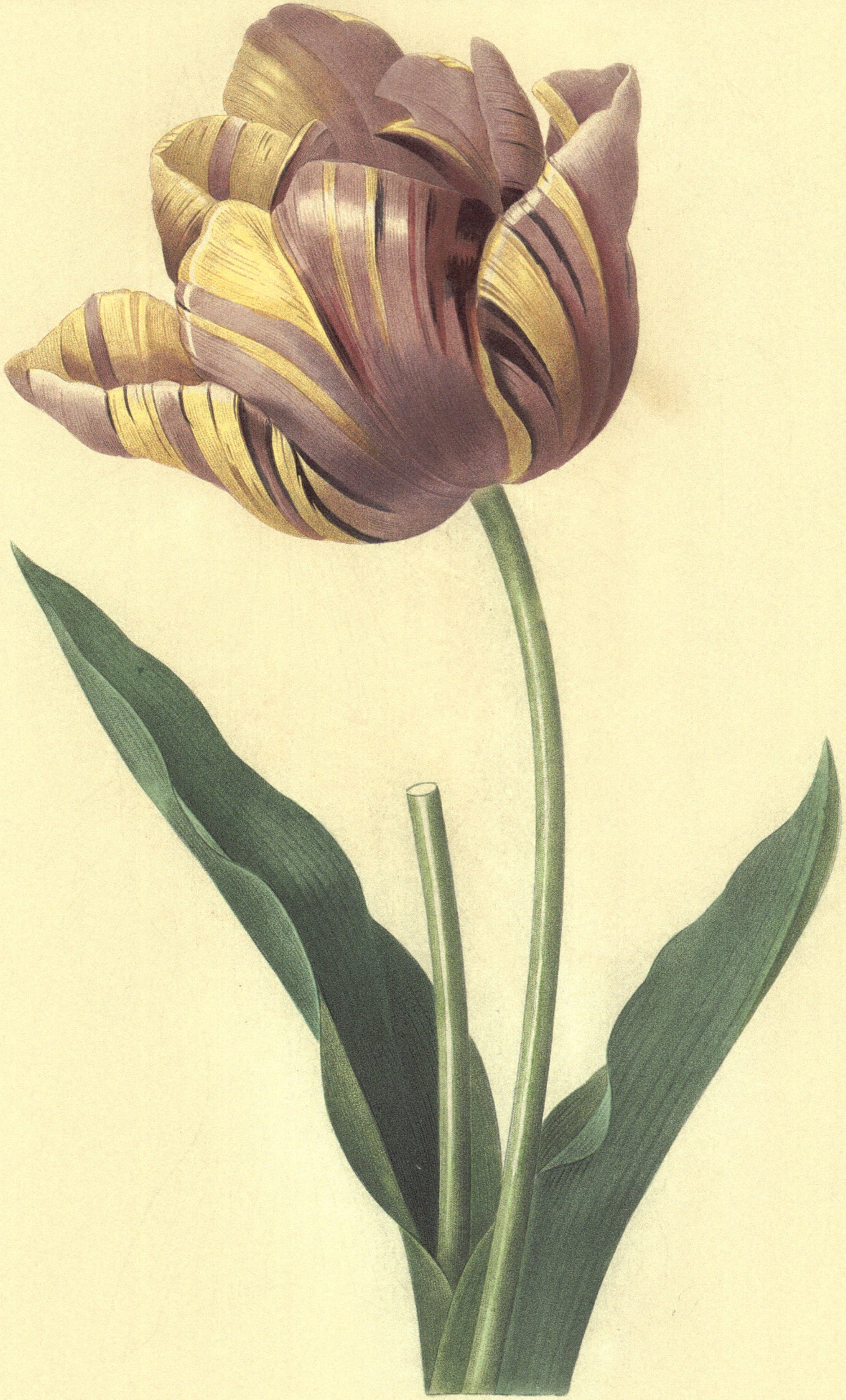

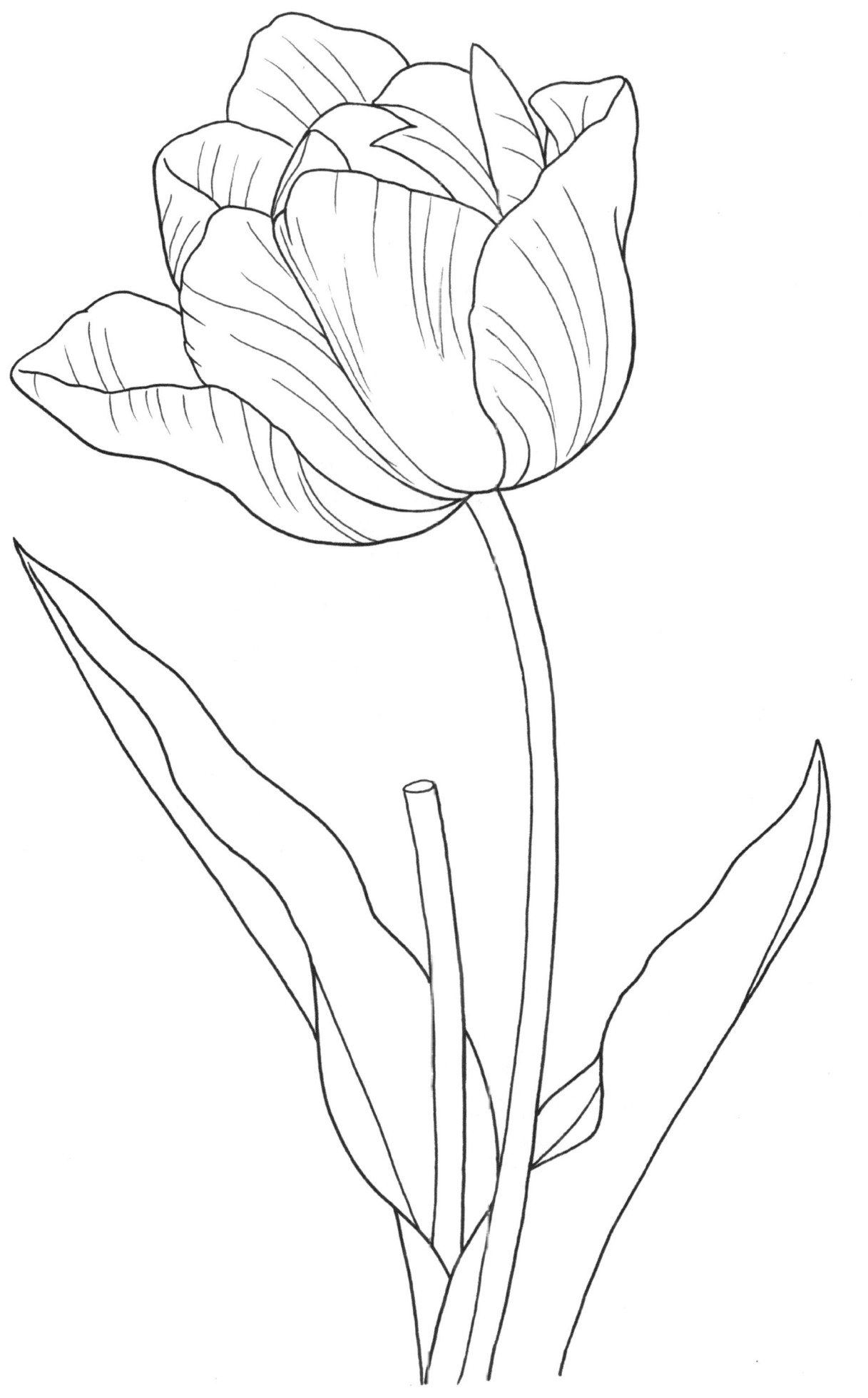

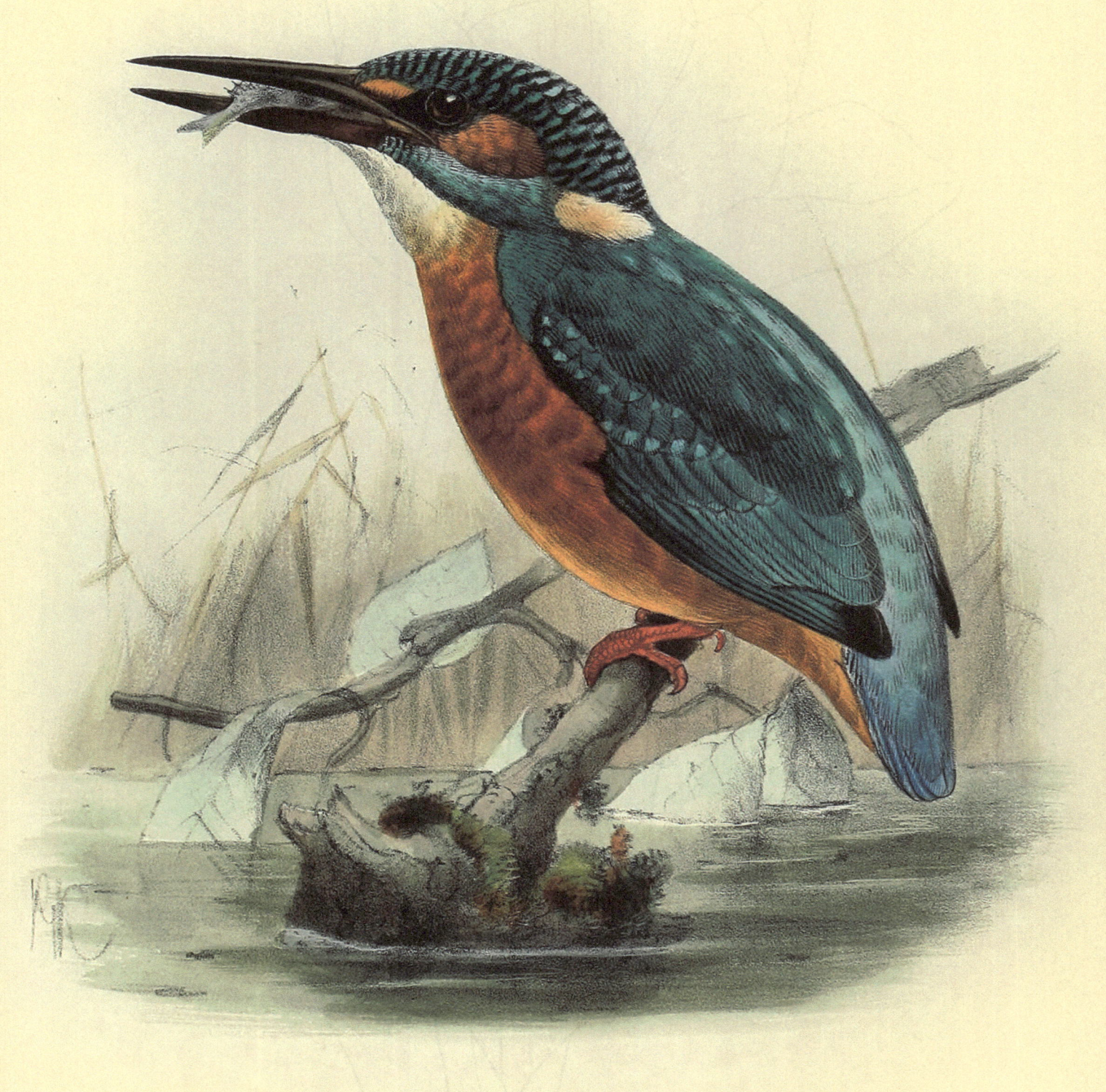

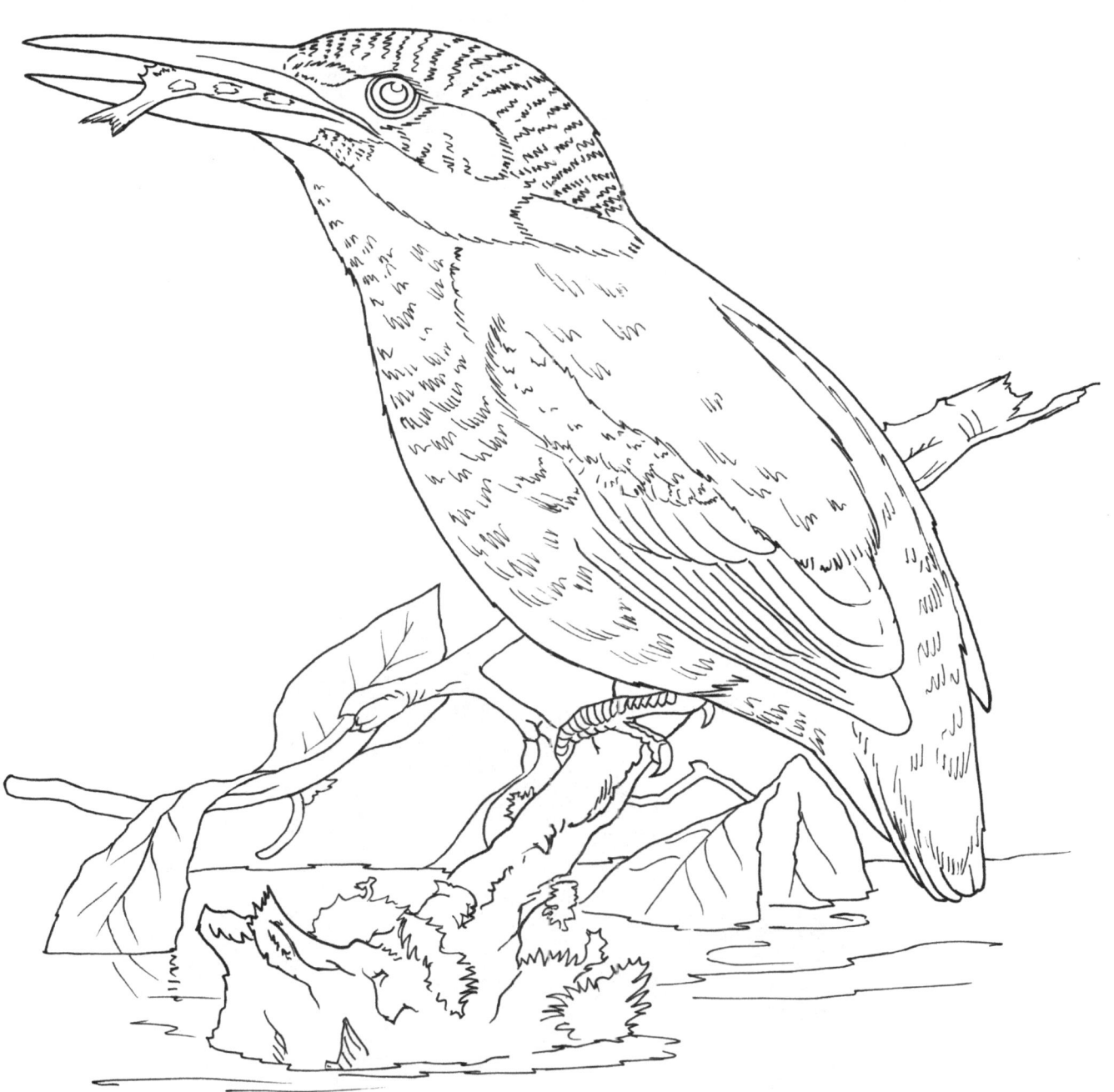

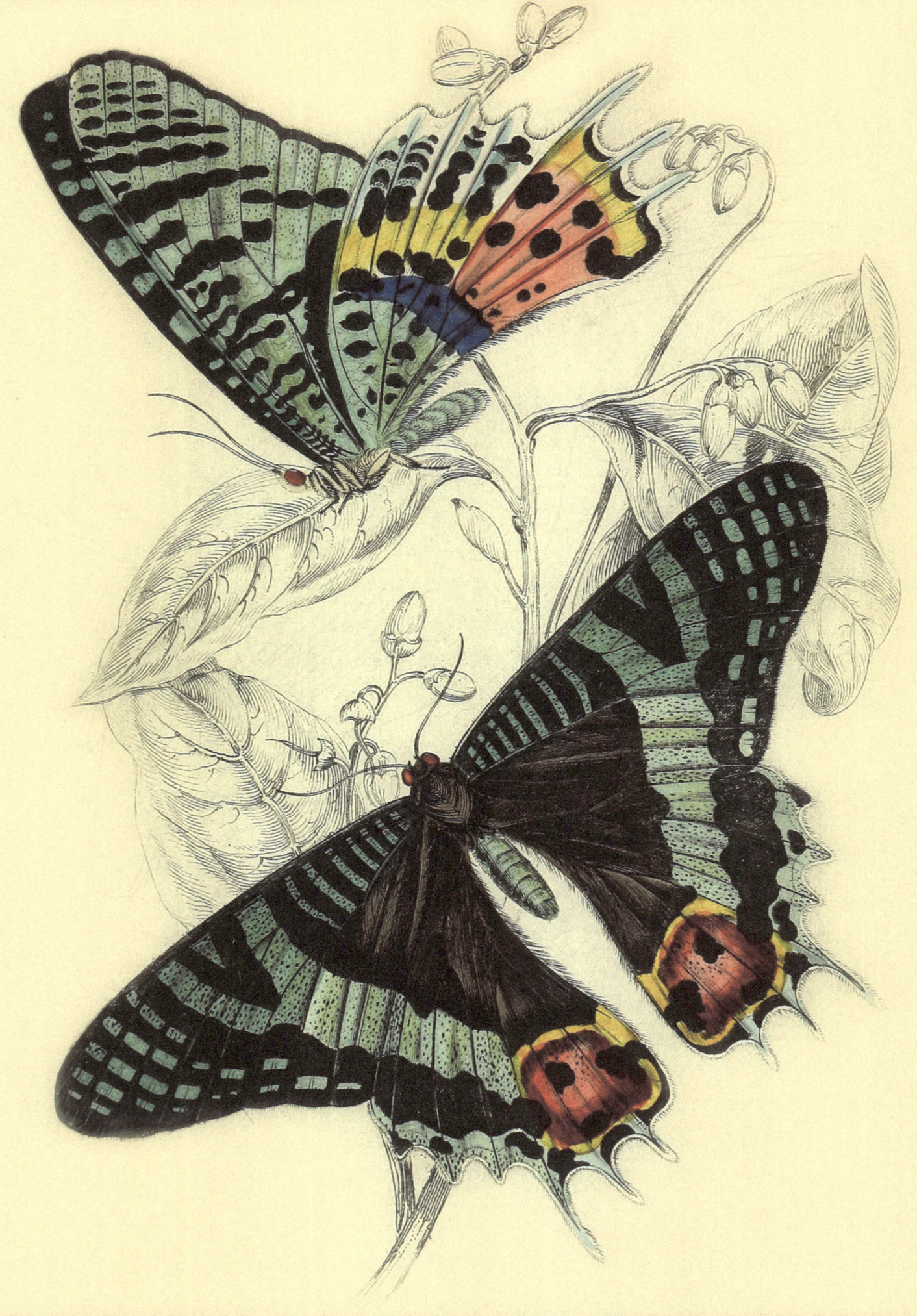

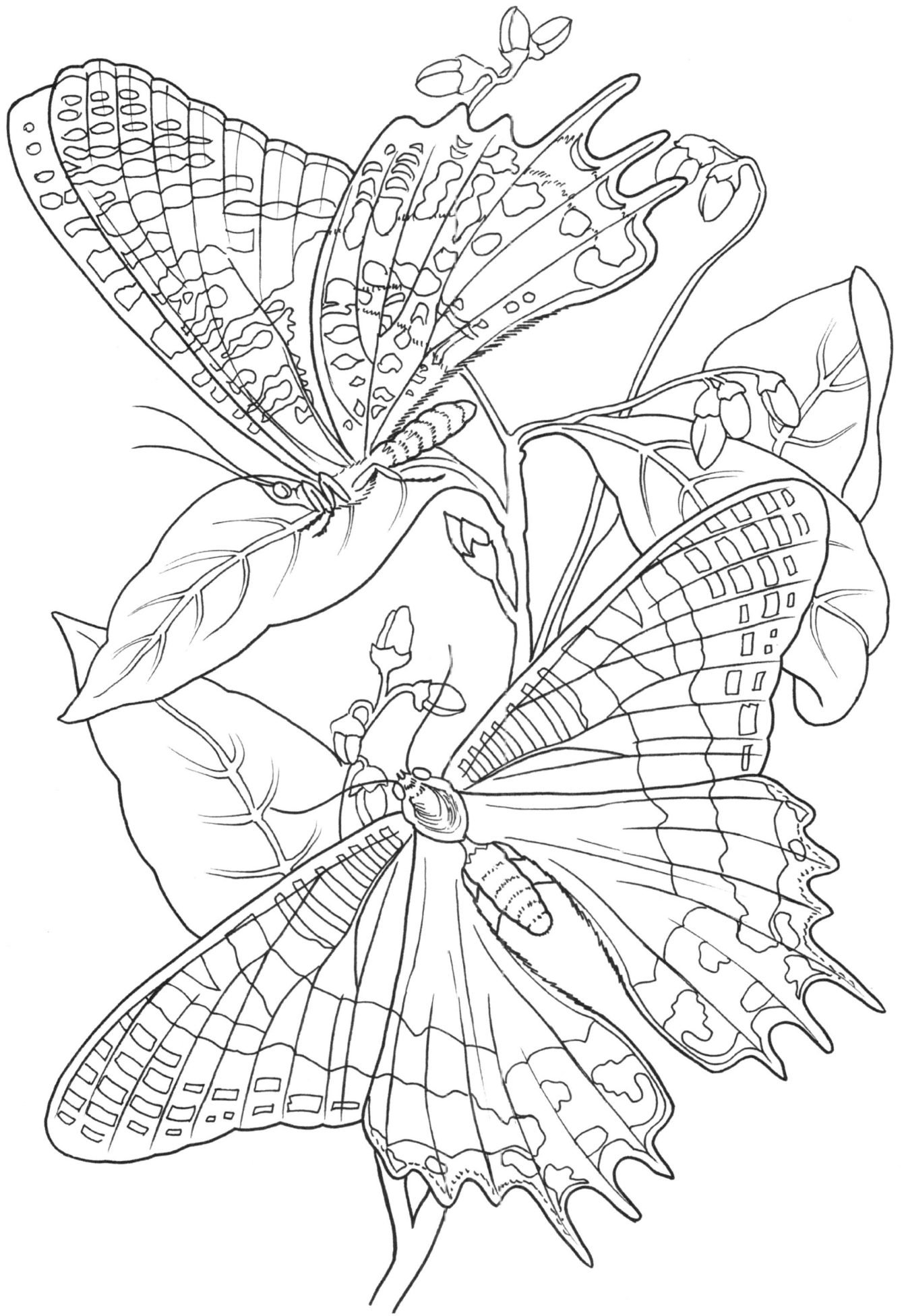

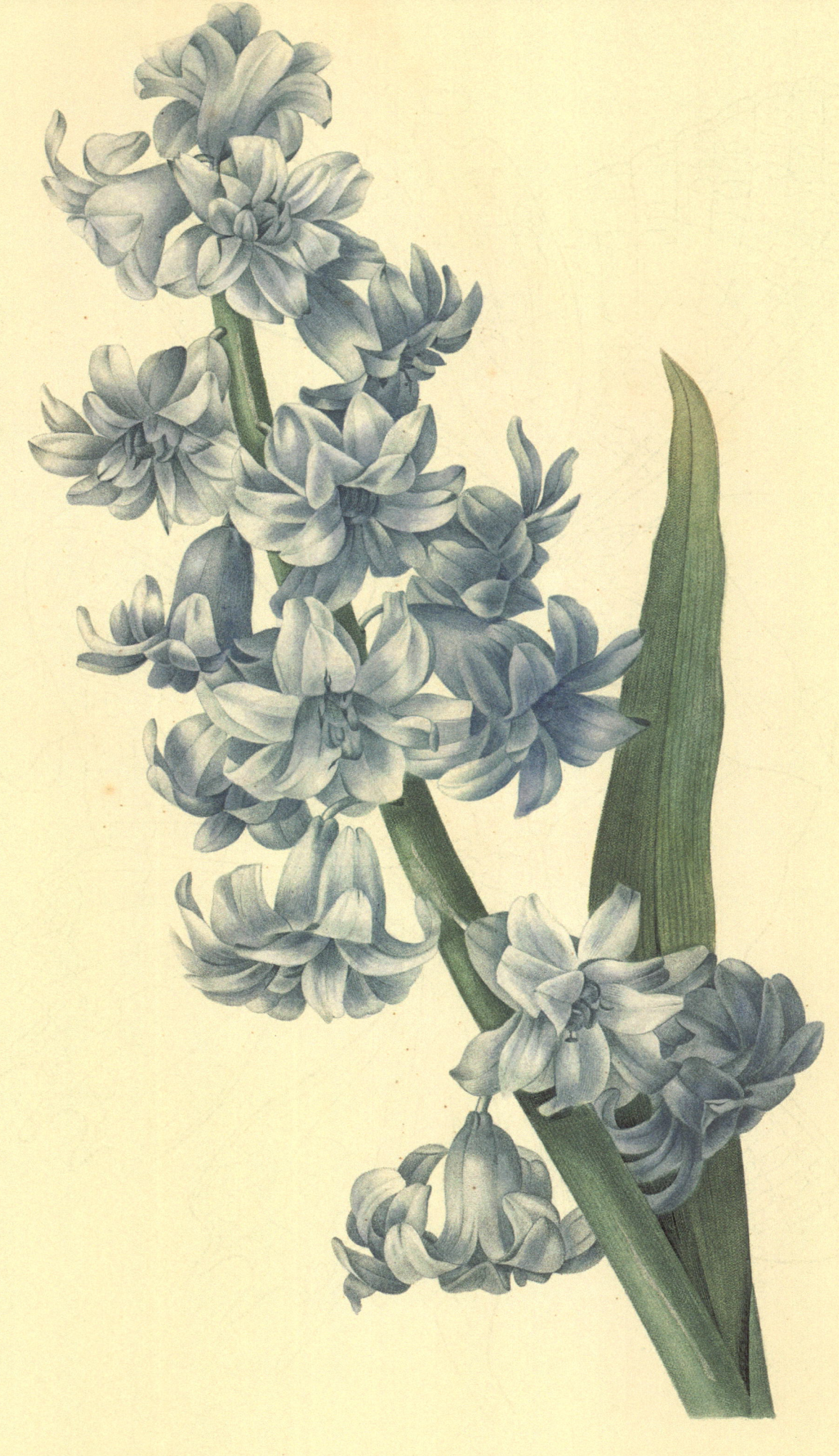

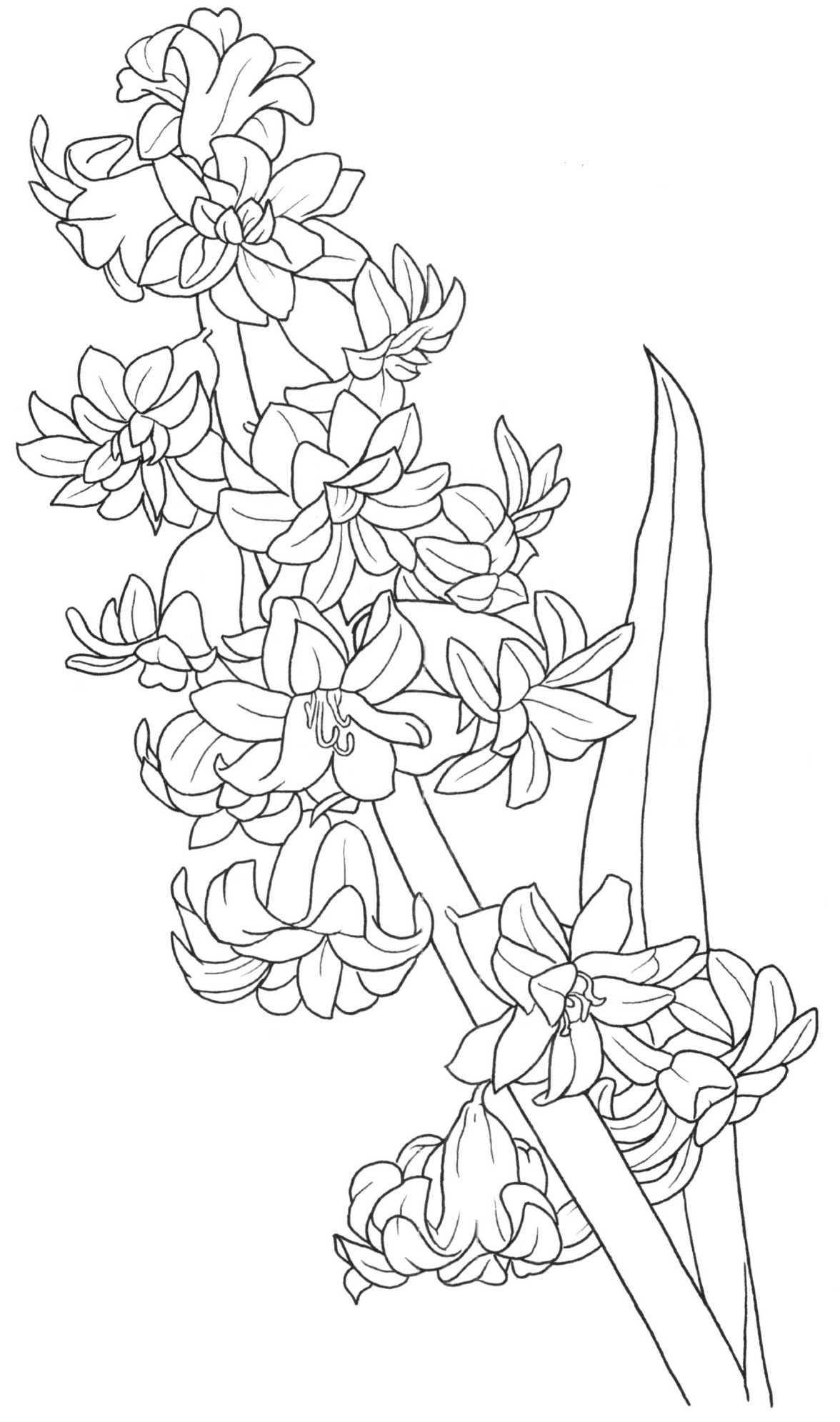

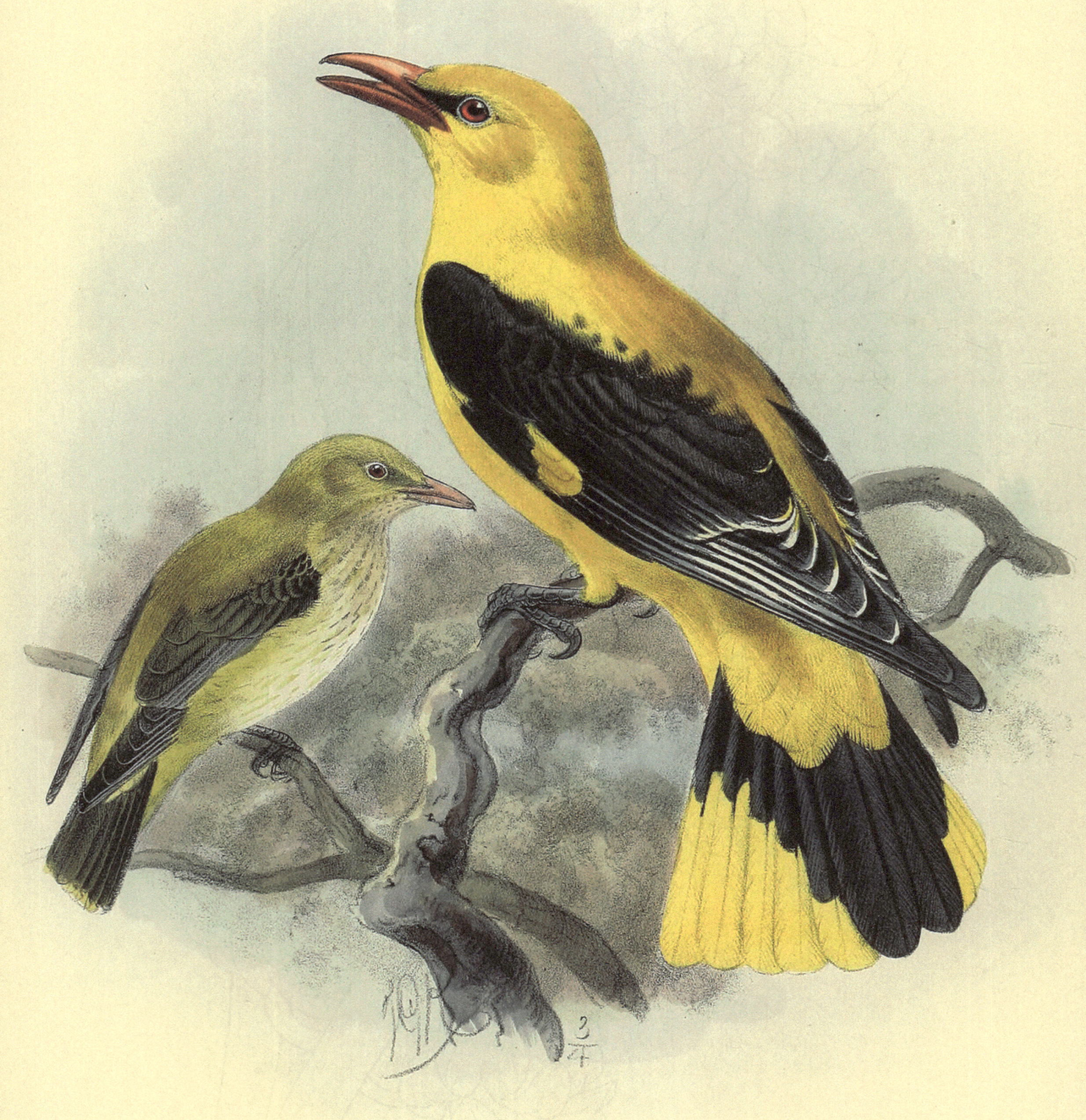

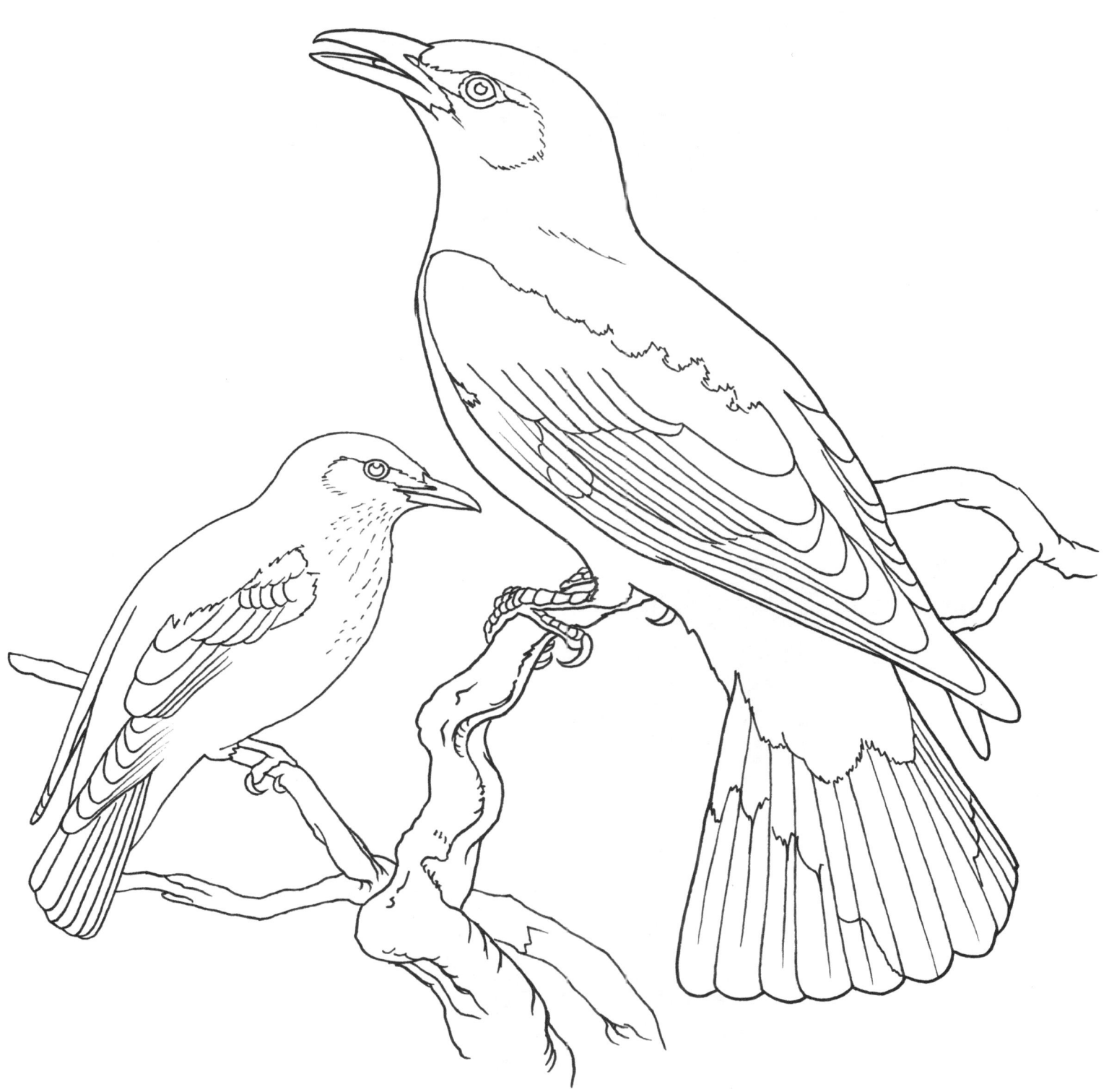

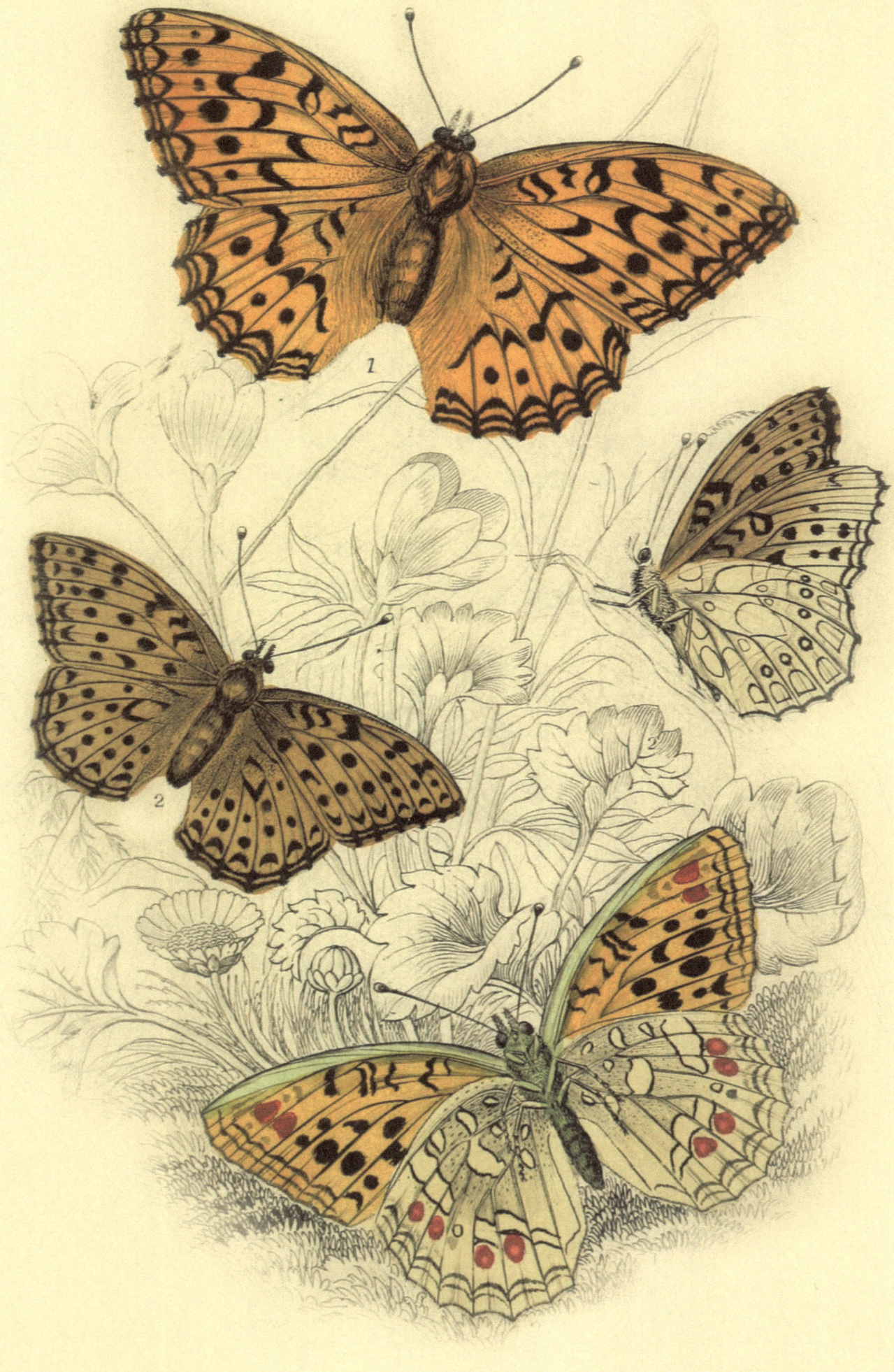

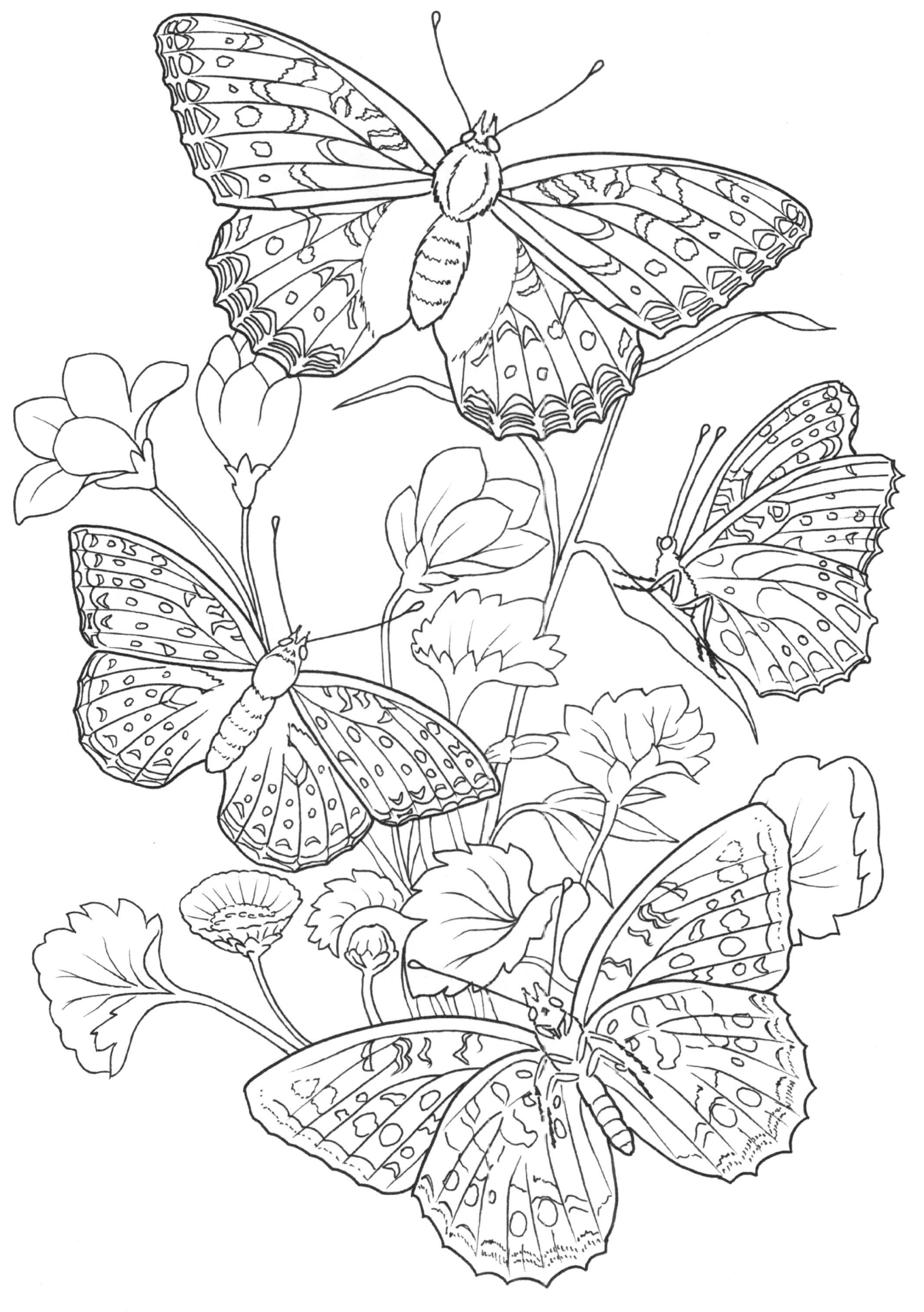

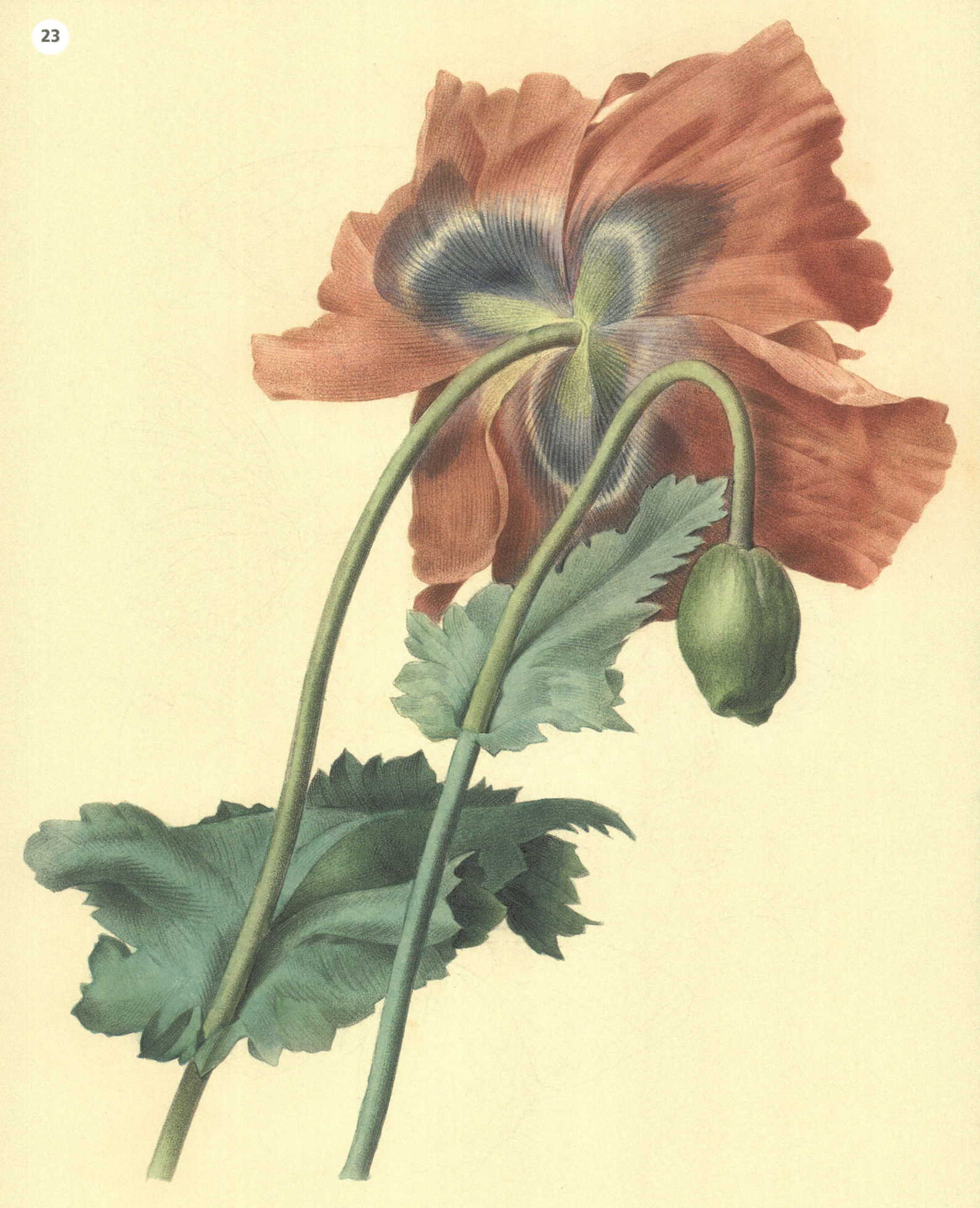

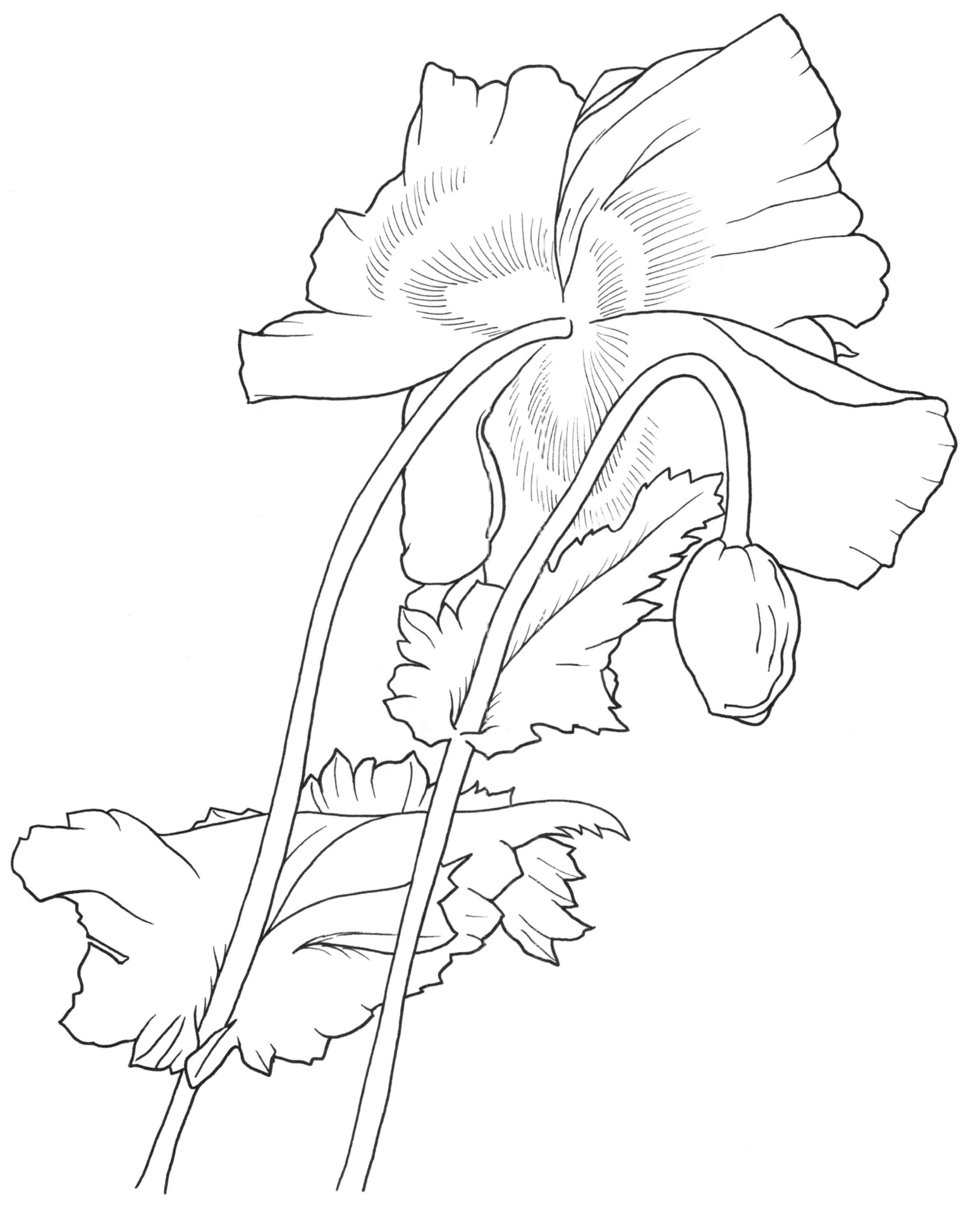

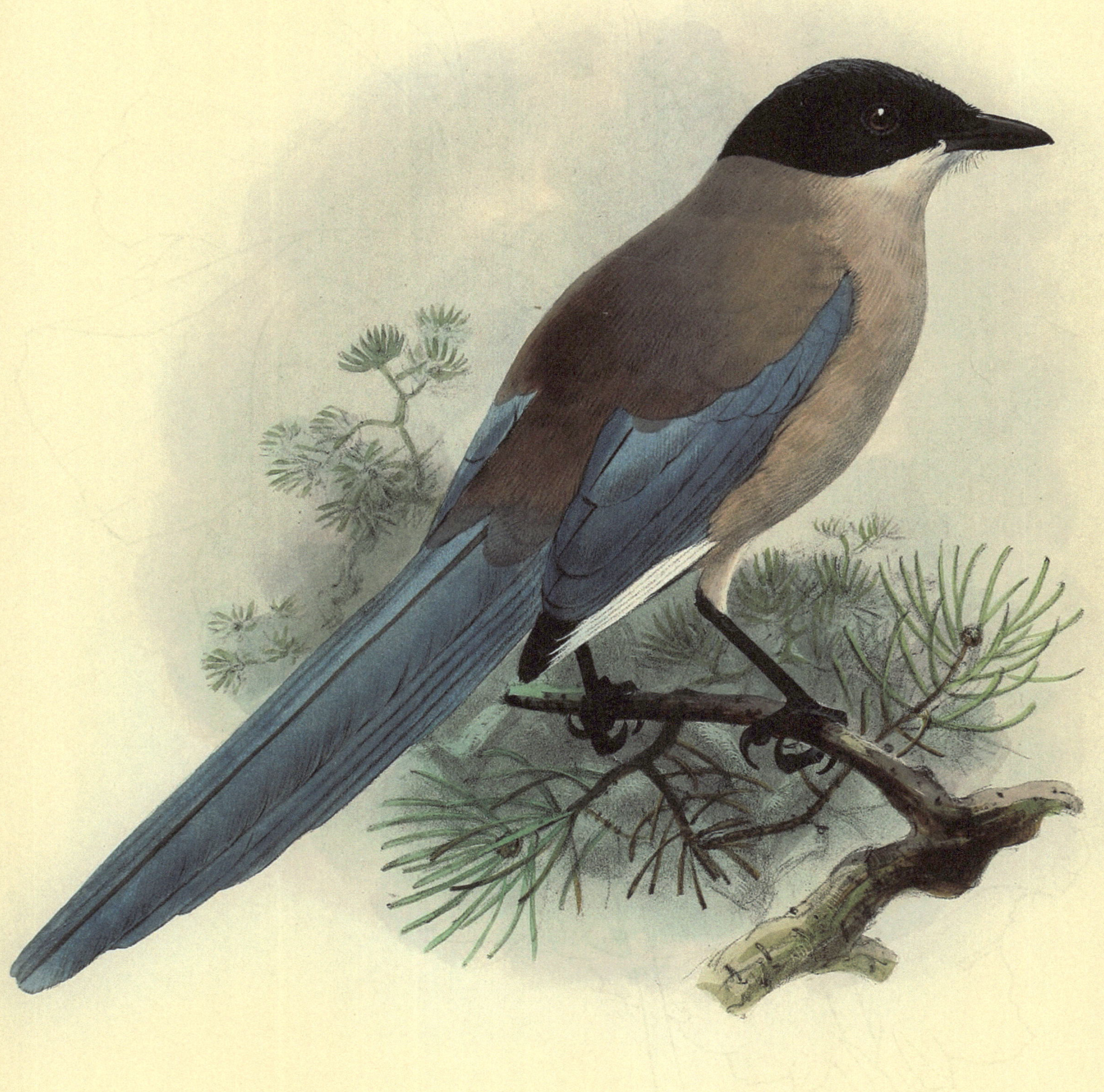

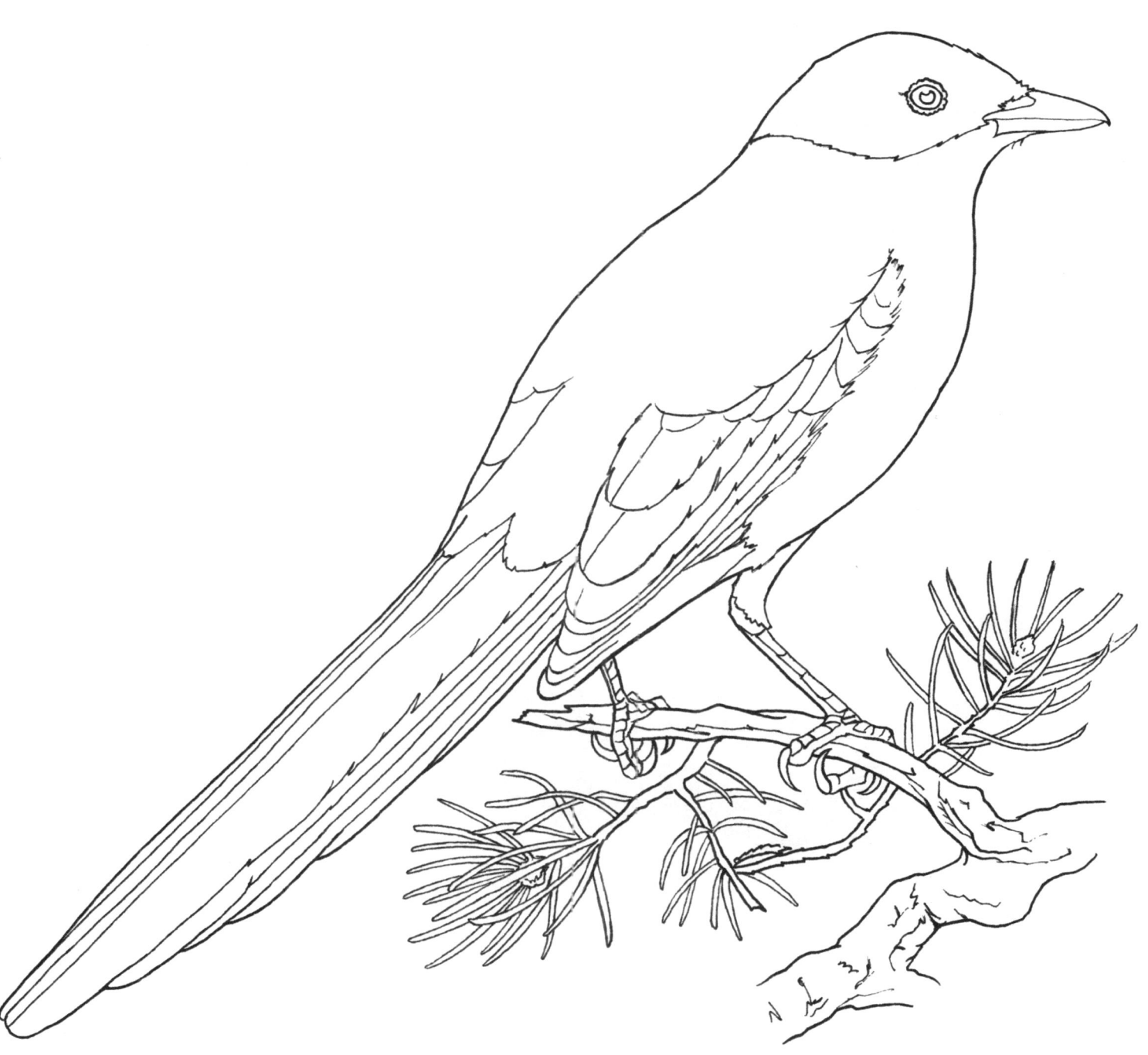

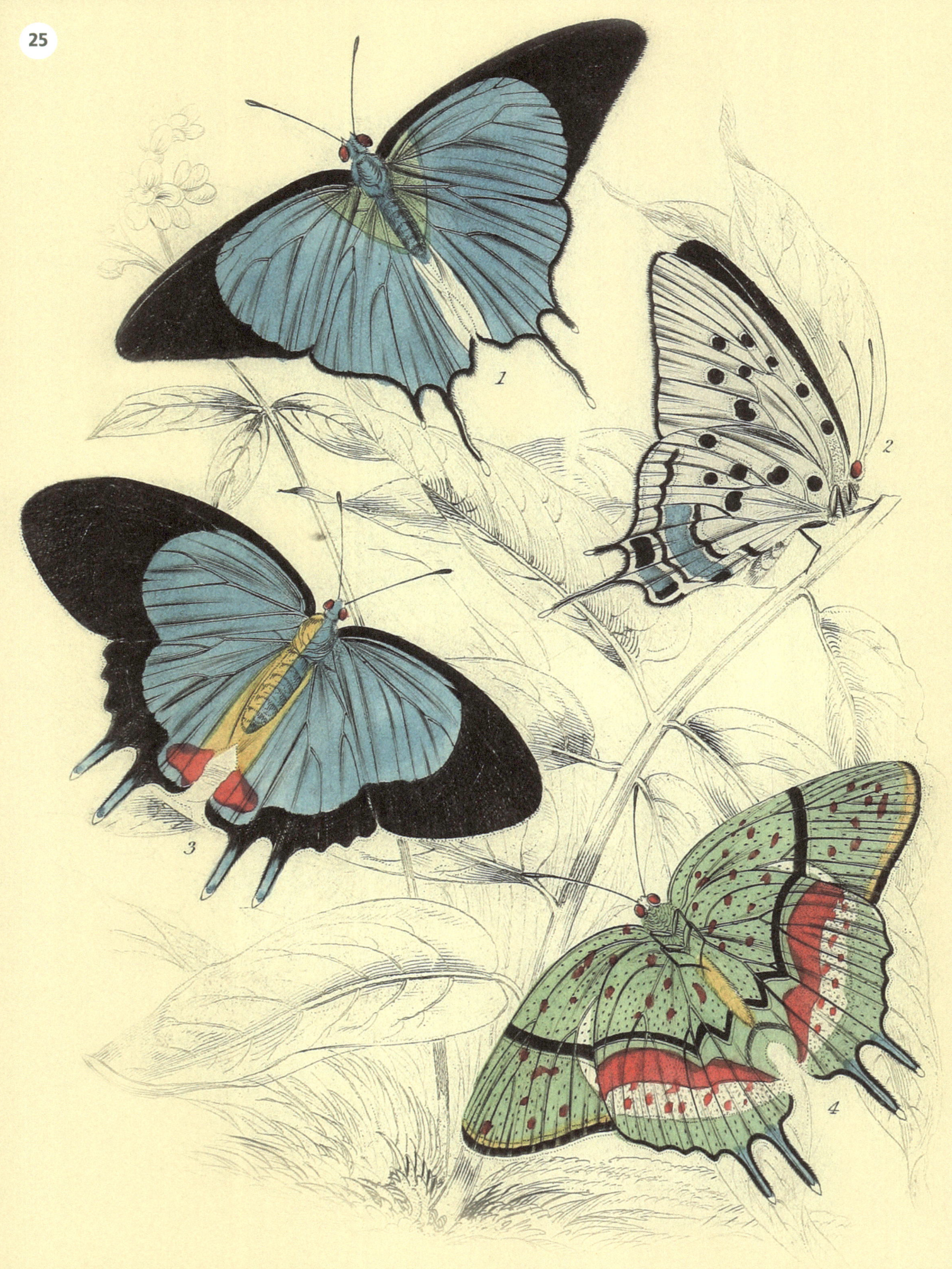

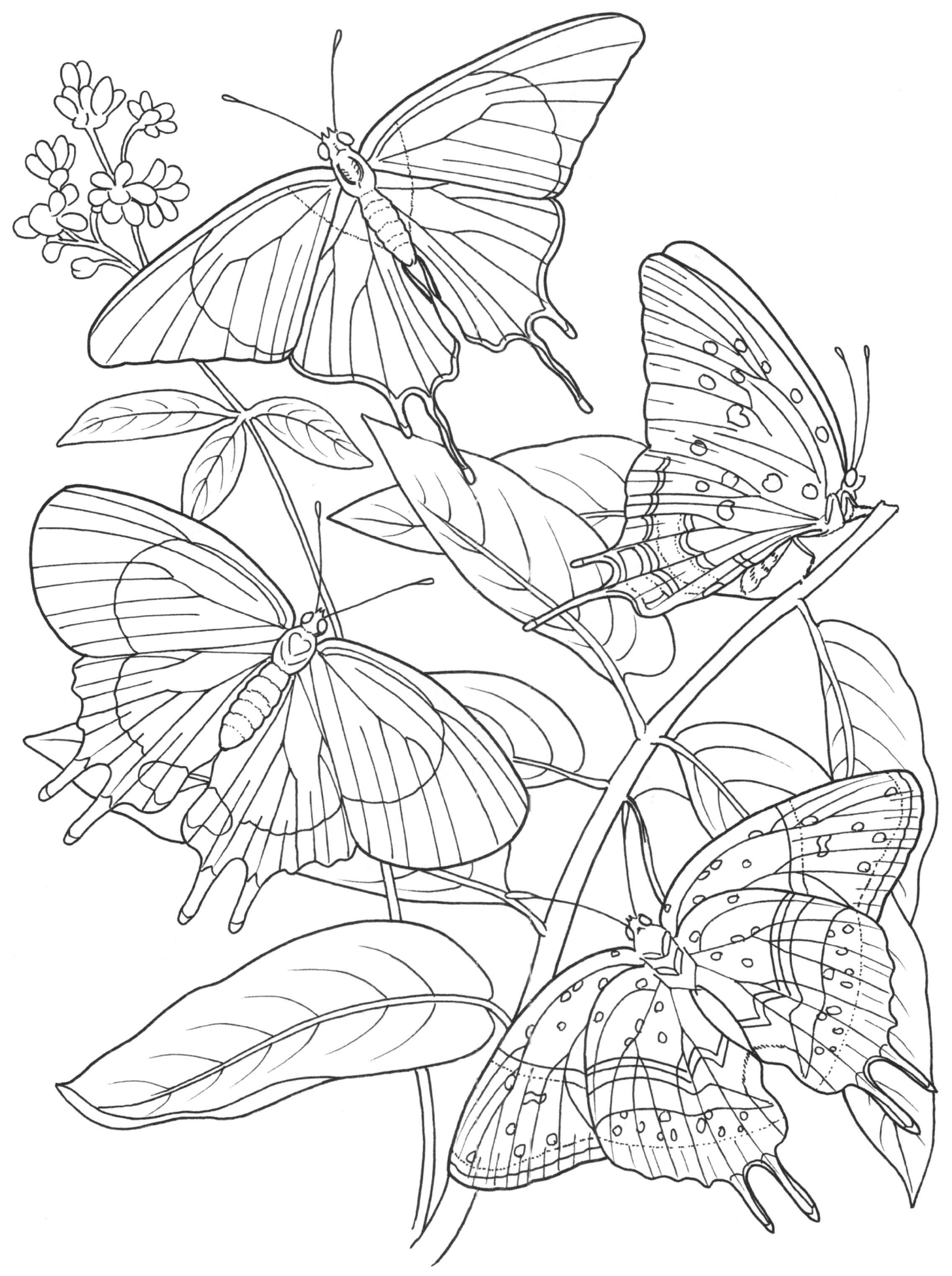

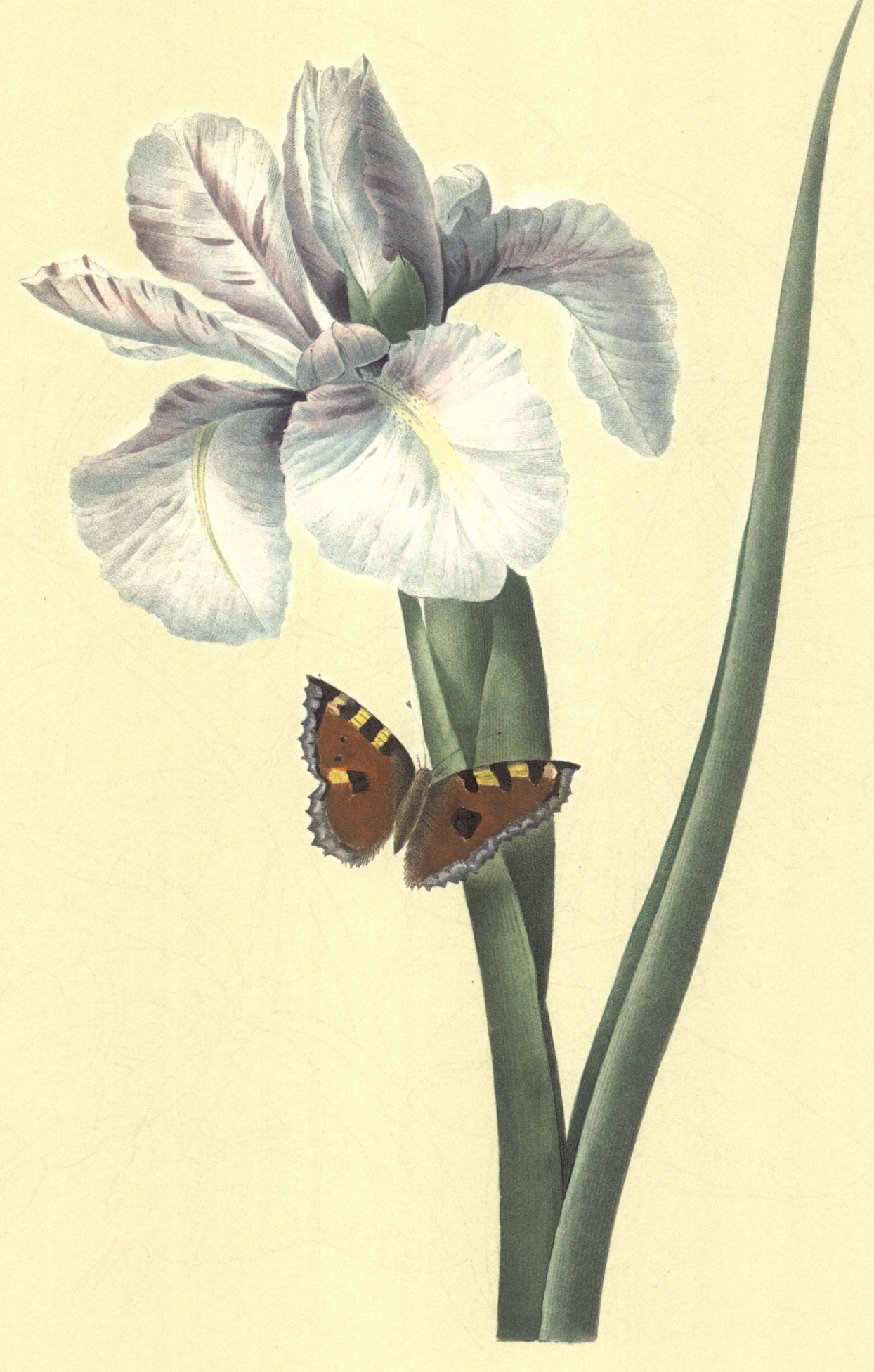

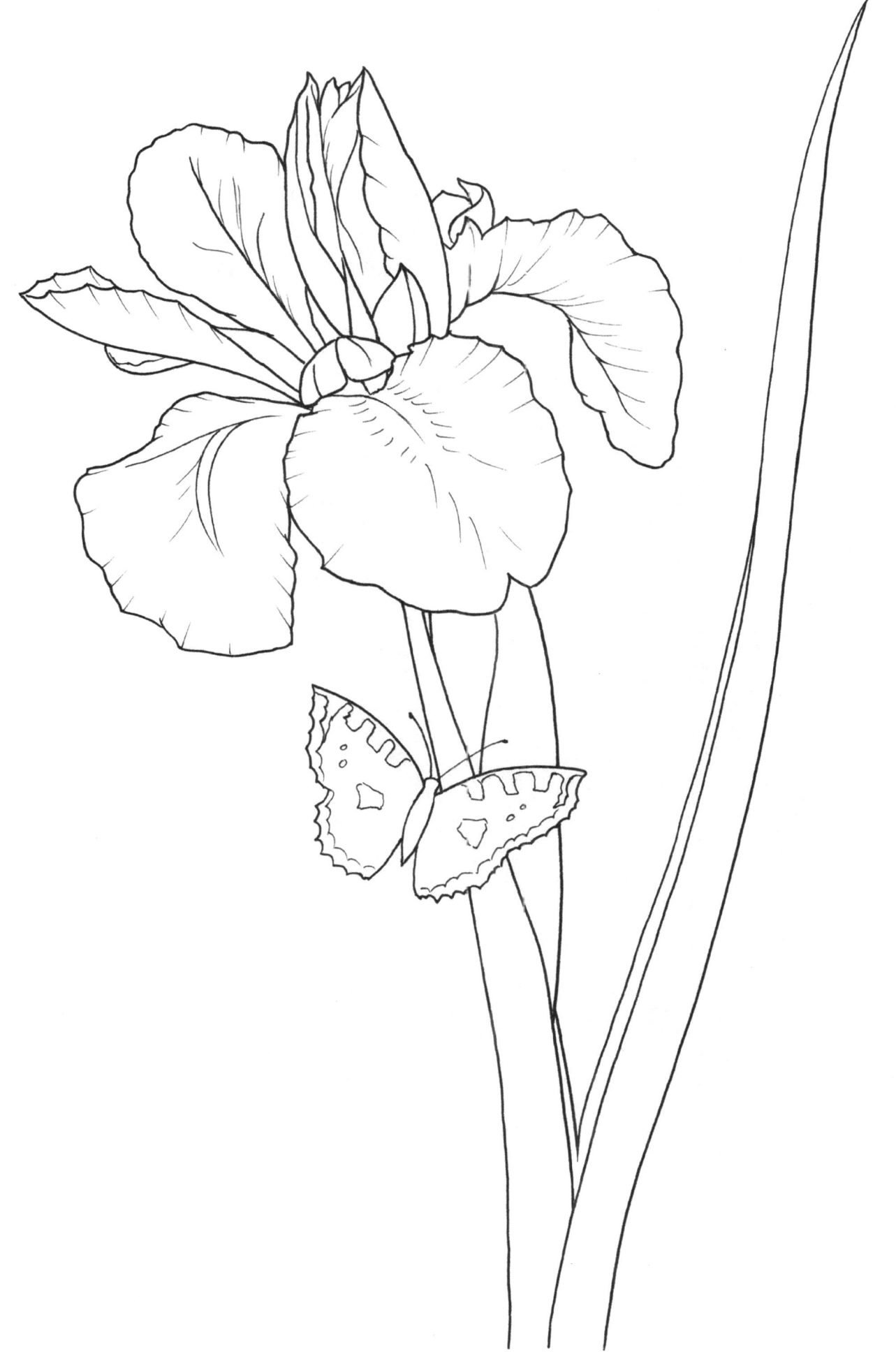

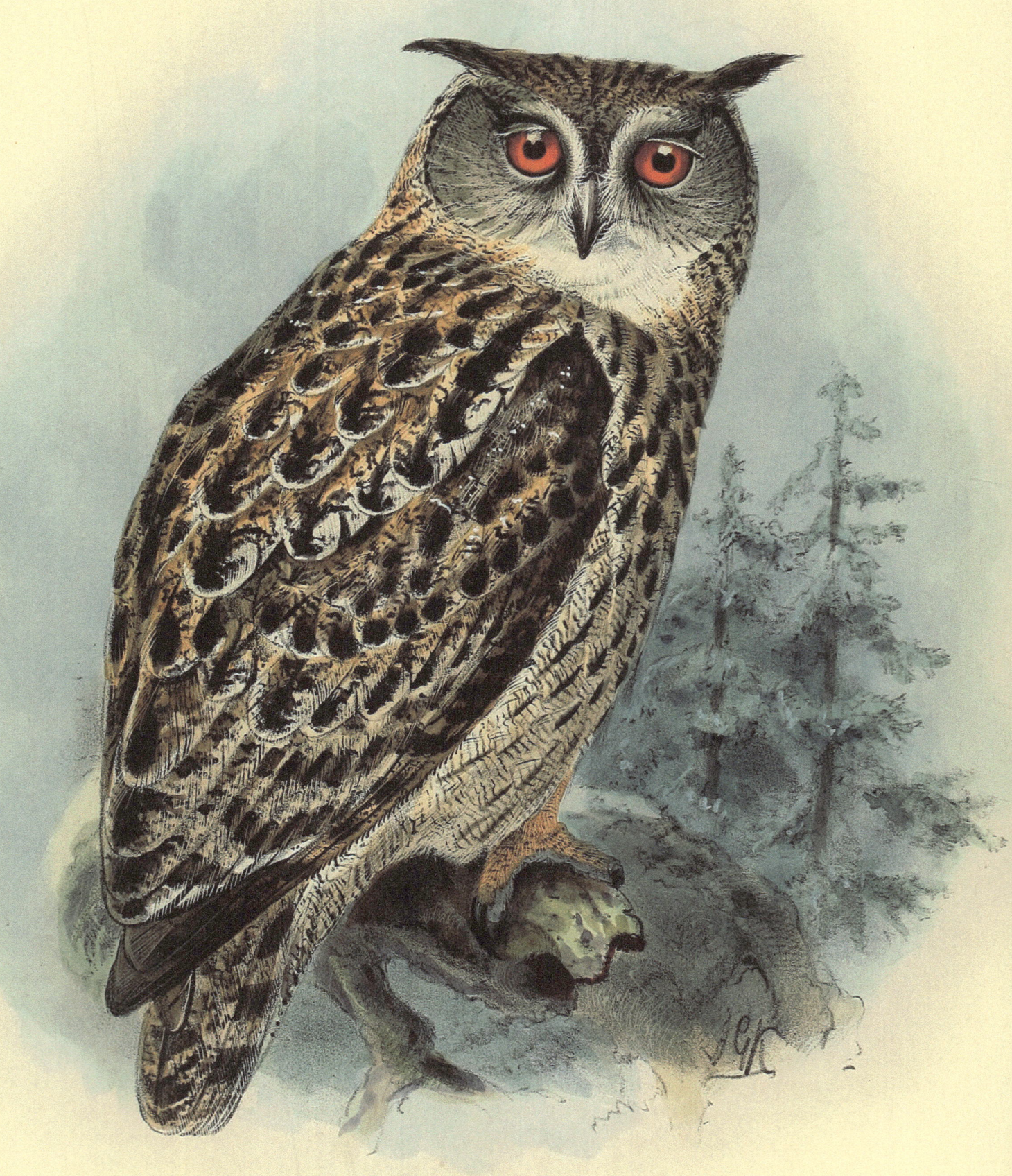

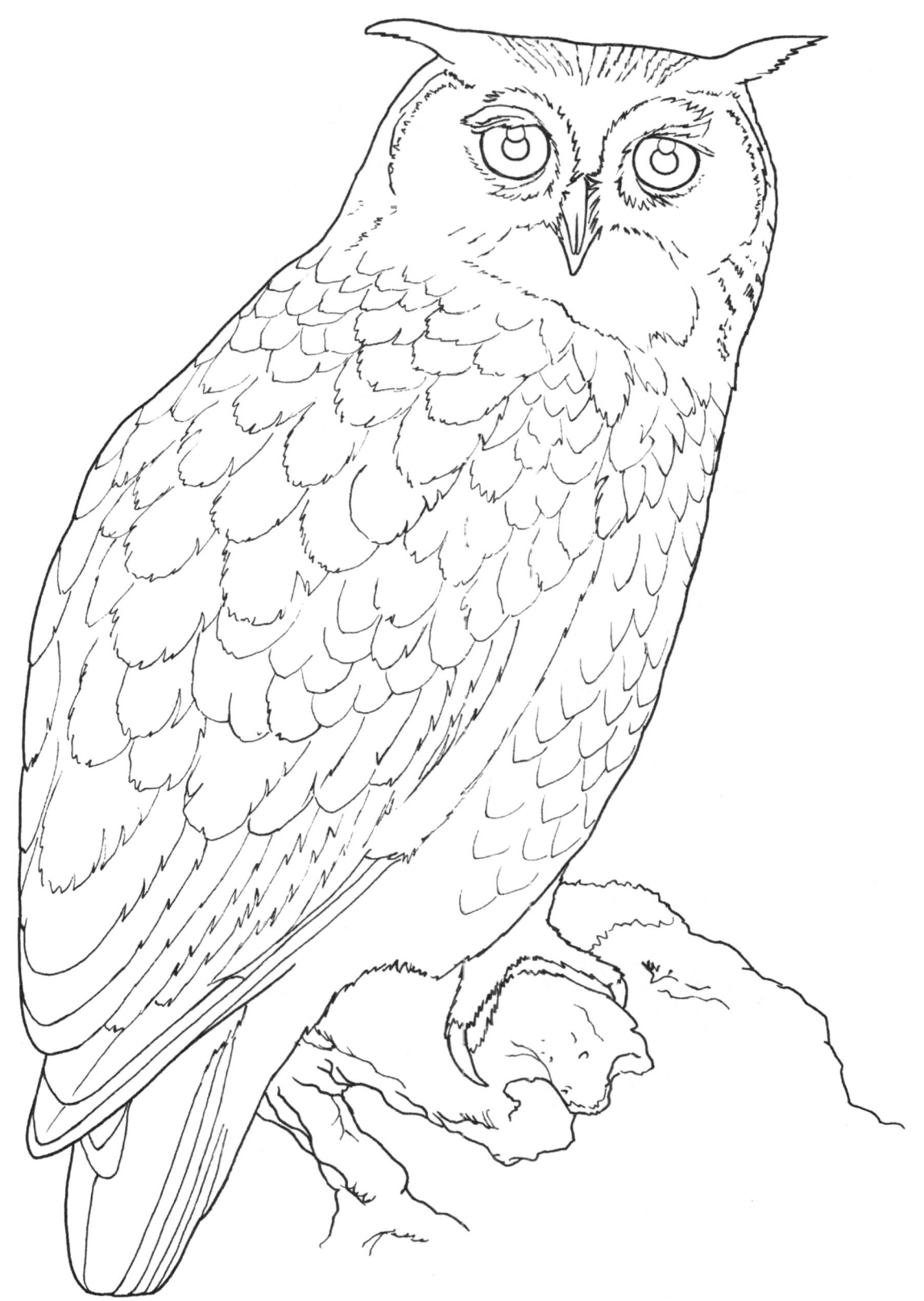

28

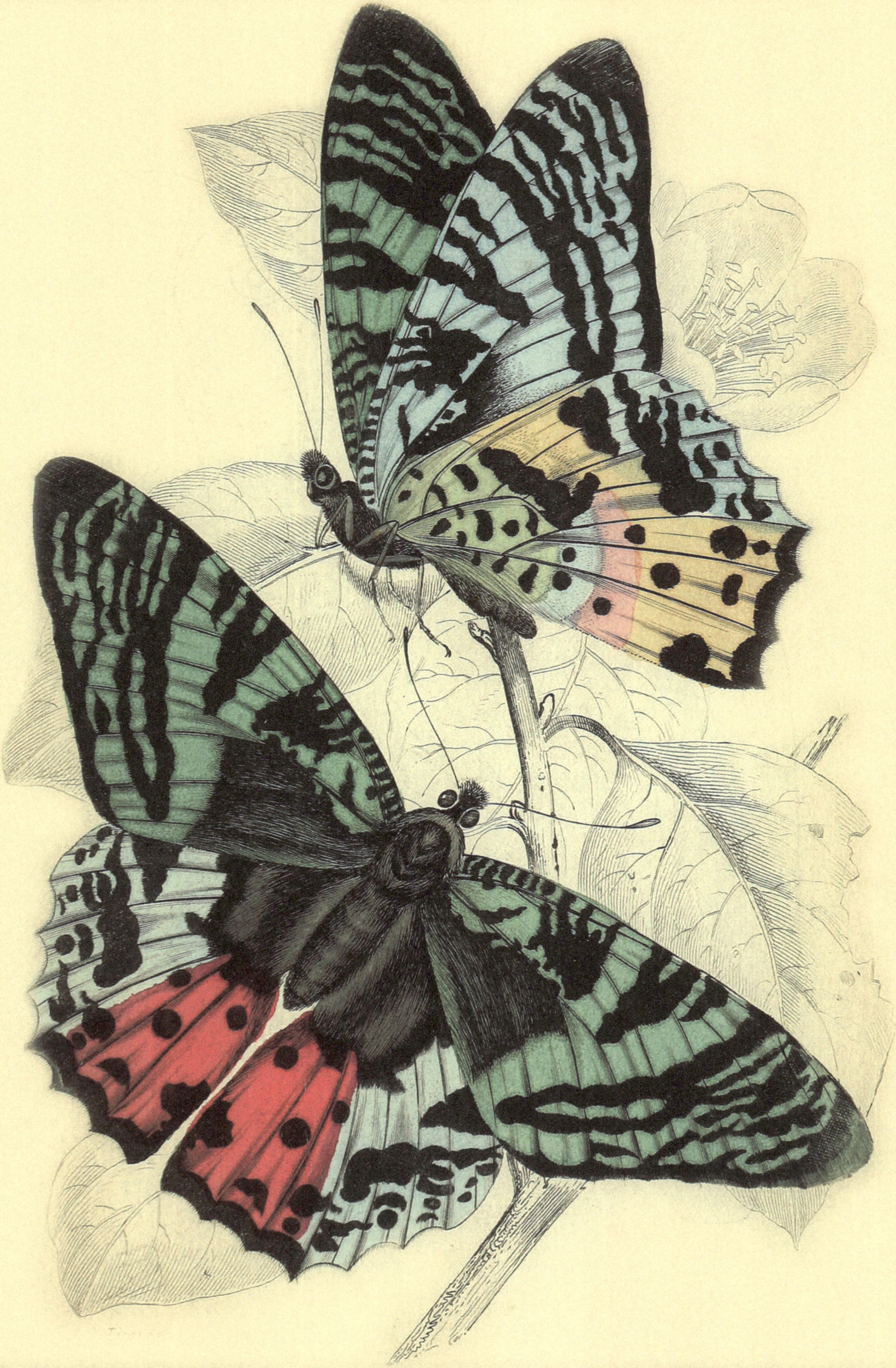

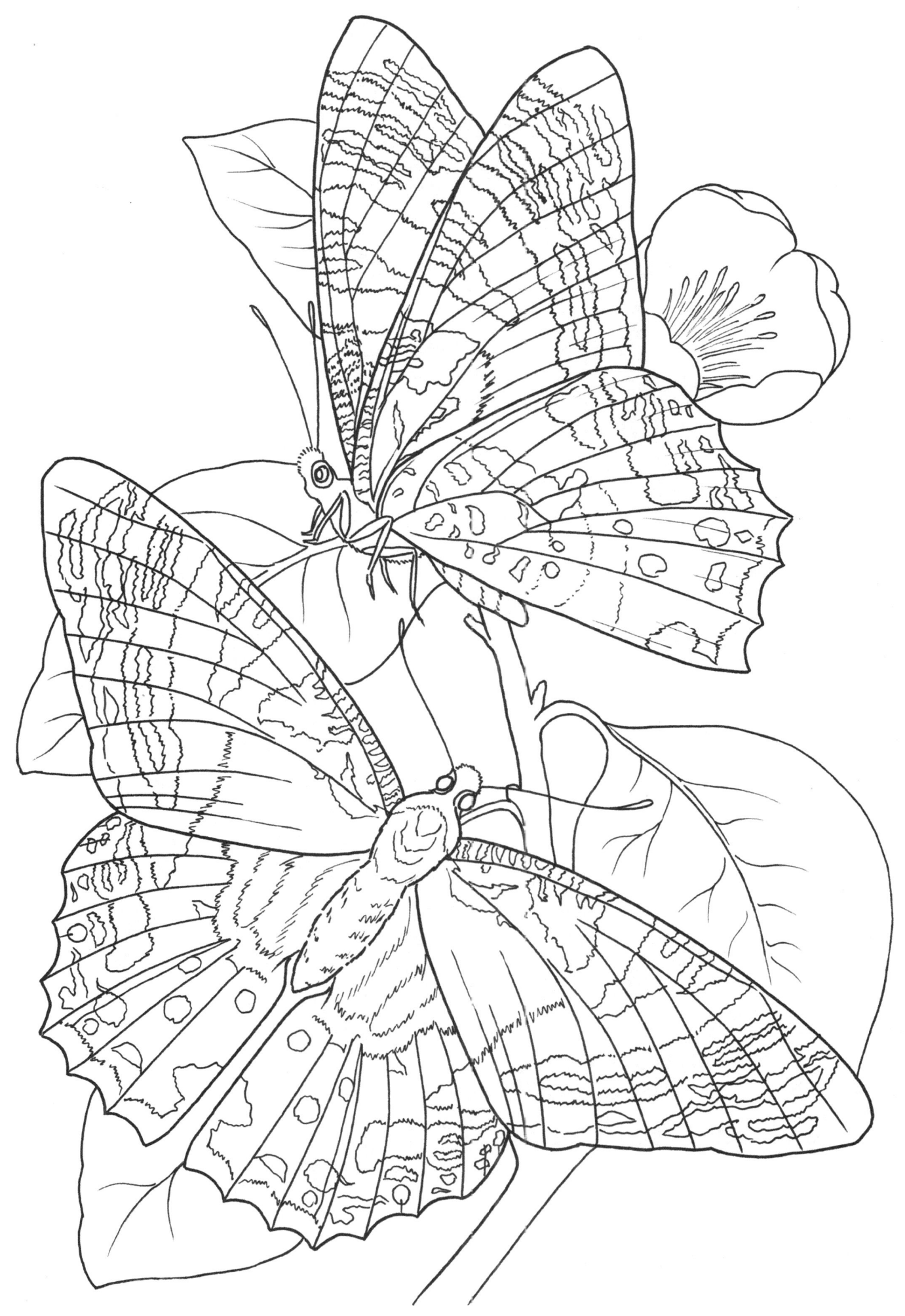

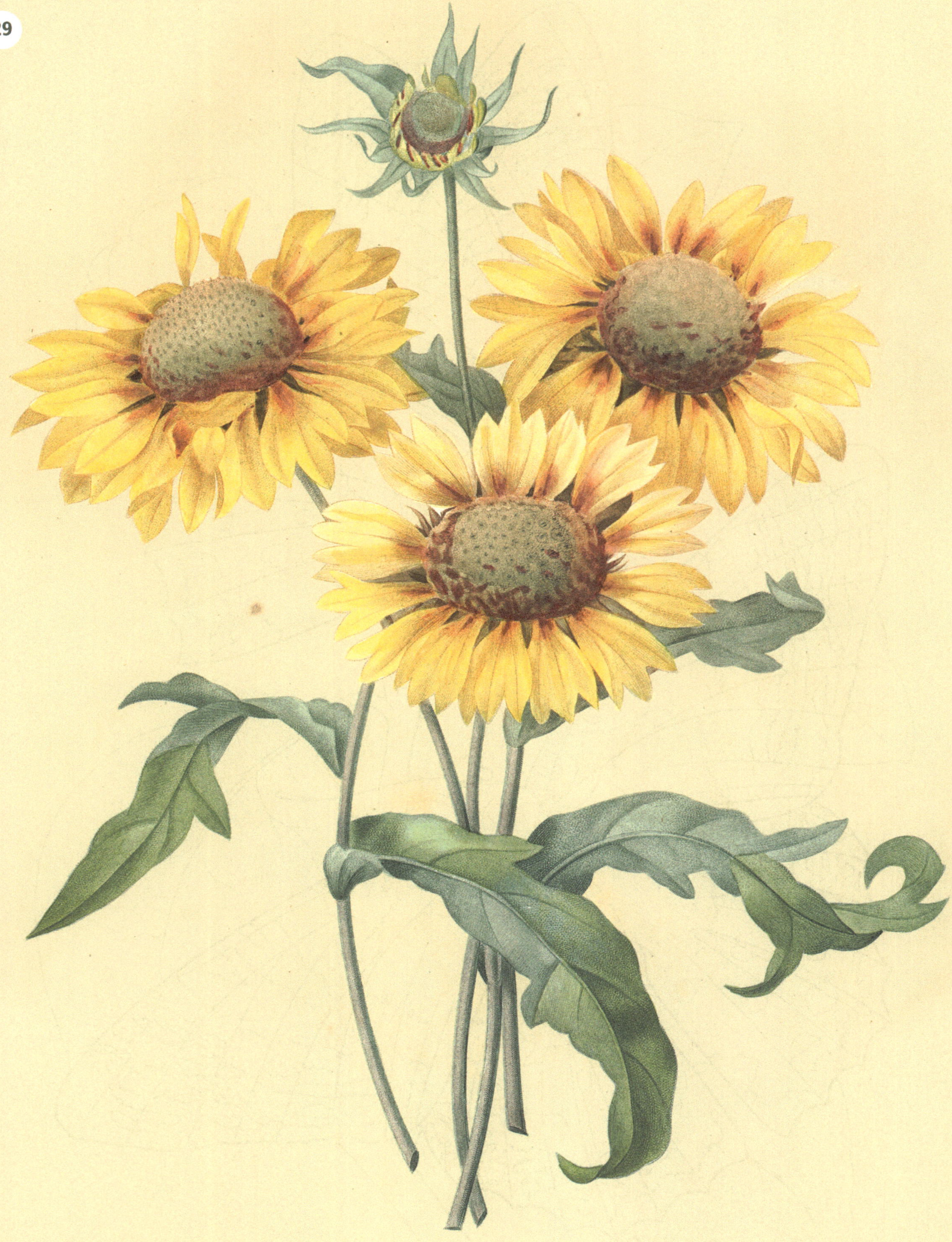

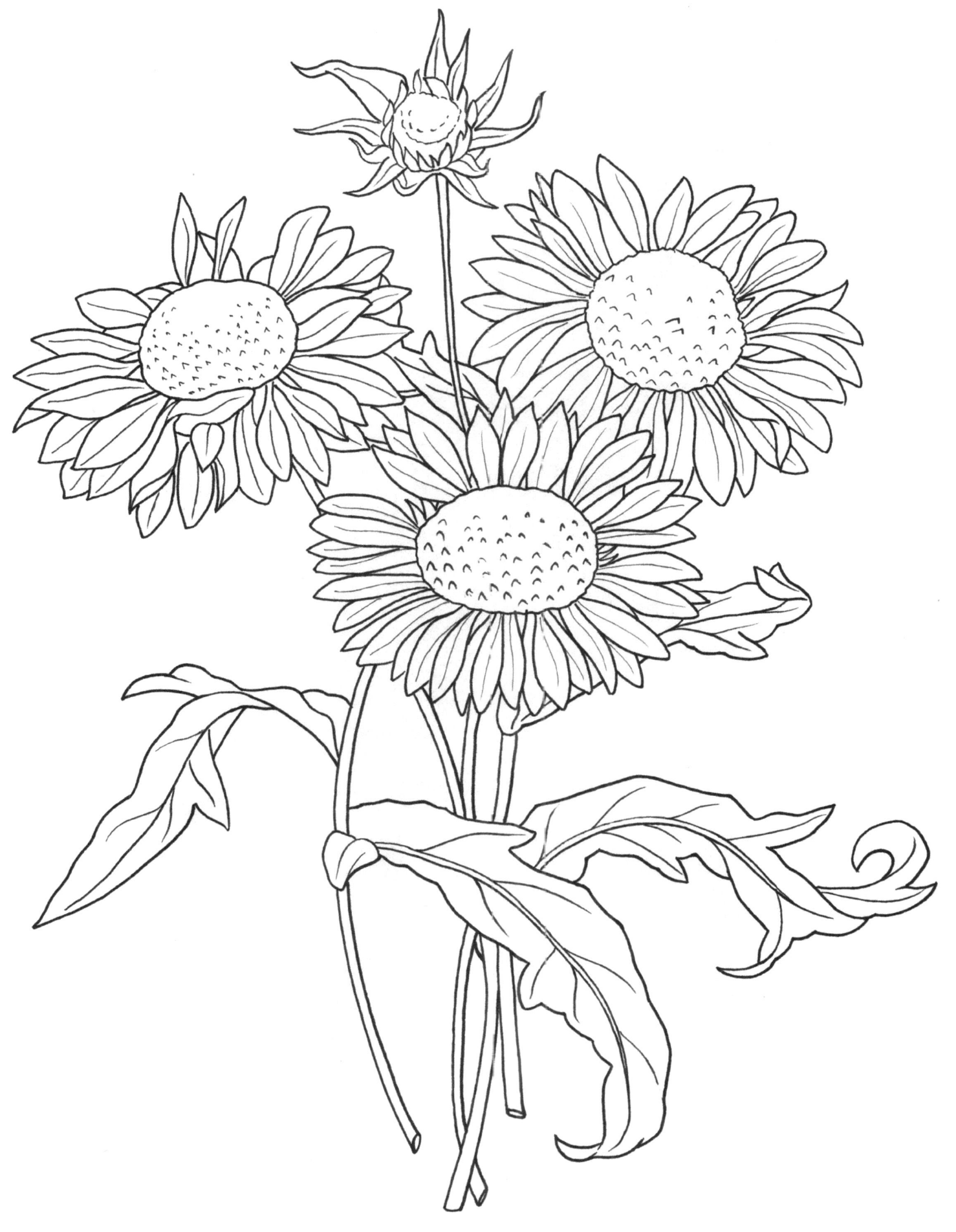

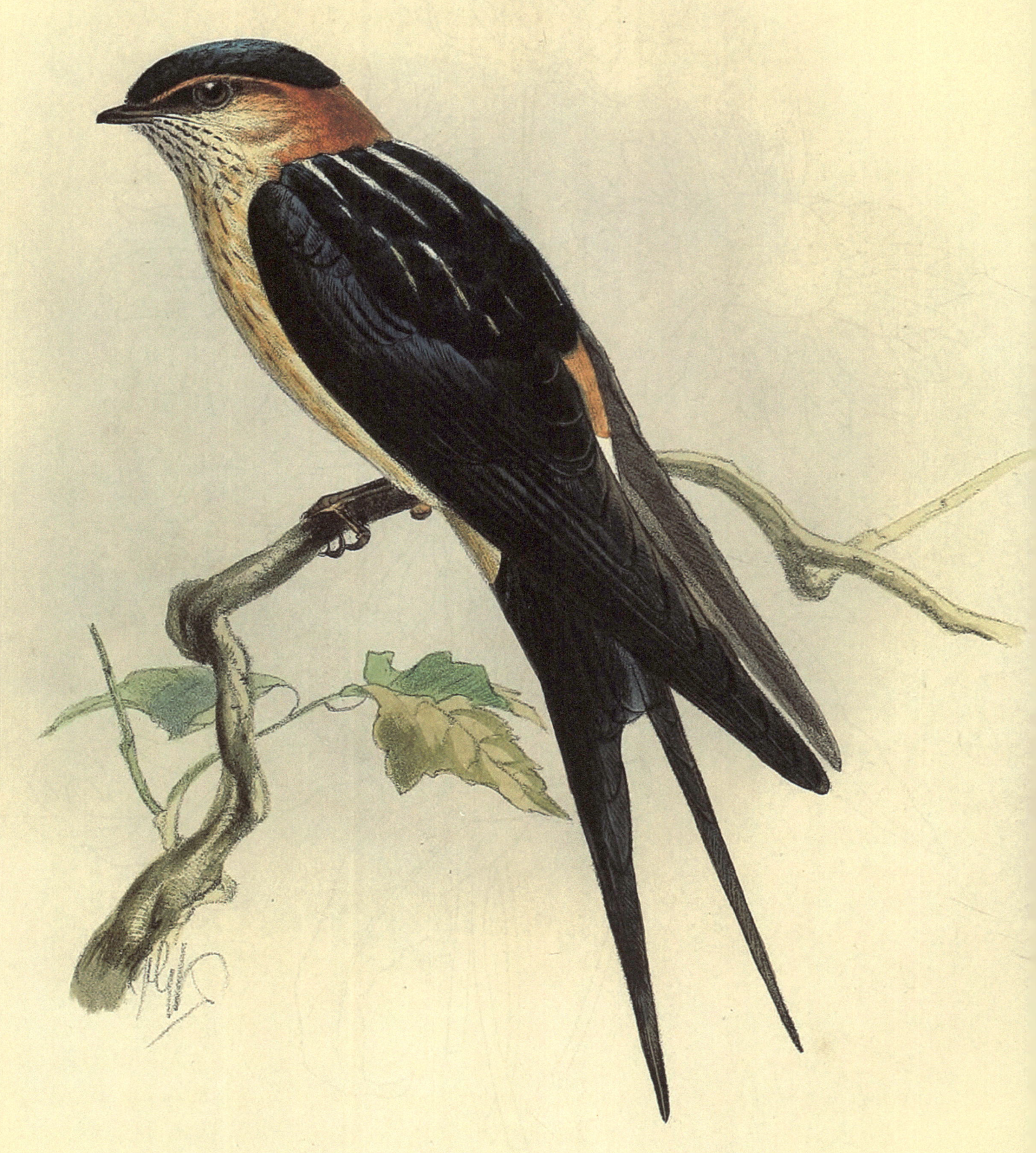

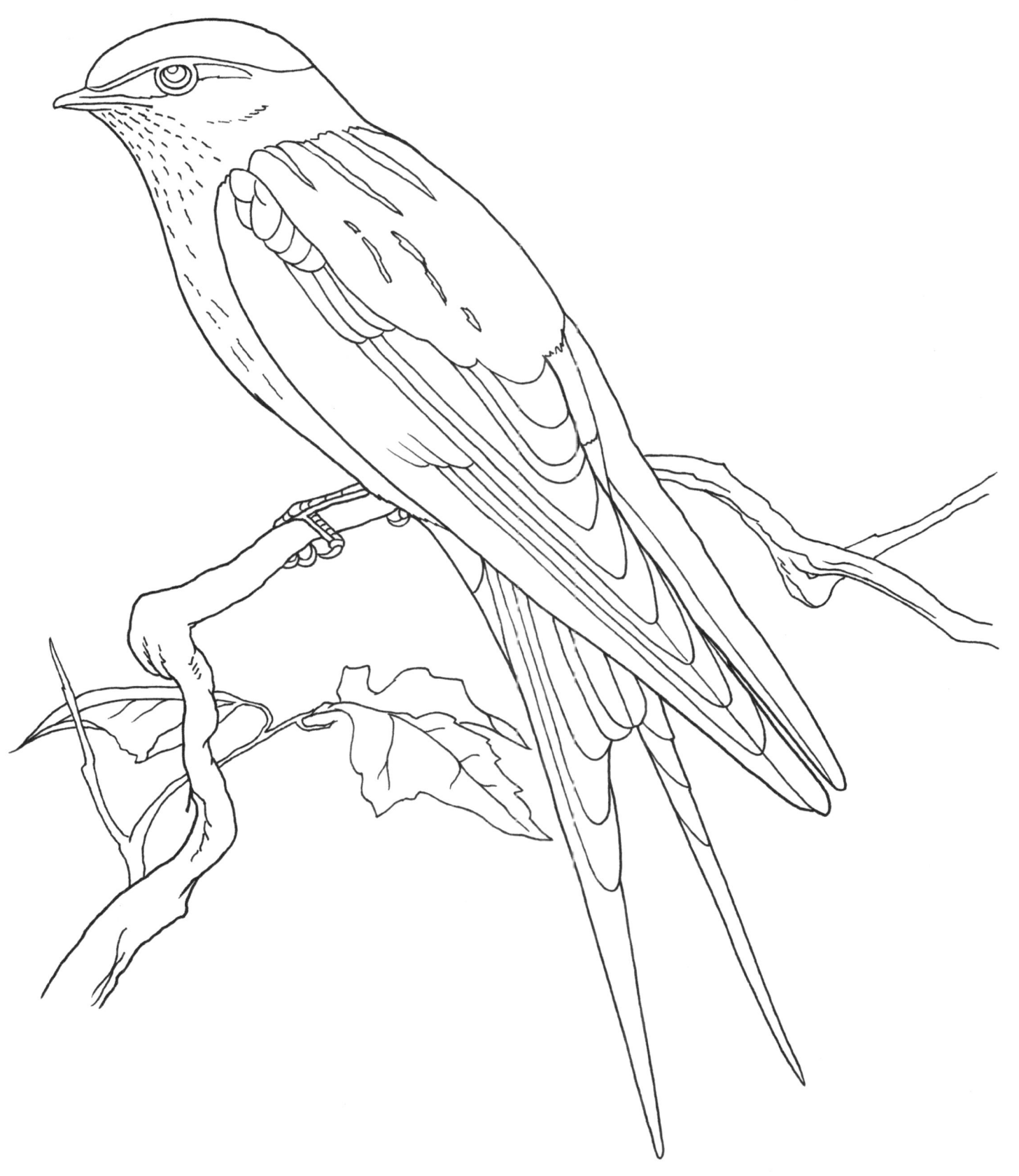